わかりやすい
スポーツ心理学
改訂版

実践スポーツ心理学研究会 編著

文化書房博文社

序
スポーツ心理学を学ぼうとする方々へ

　1979年4月、長田一臣教授（当時）のもとでスポーツ心理学を学ぶために、日本体育大学大学院修士課程に入学しました。当時スポーツ界では、運動生理学やスポーツバイオメカニクスなどといった学問と比較すると、スポーツ心理学は、役に立たない学問の代表というような評価をされていました。しかし、私が出会った、長田教授の著書、「スポーツと催眠」「競技の心理」「スランプに挑む」に書かれた事例は、まさに役に立つスポーツ心理学そのものでした。
　そもそも私がスポーツ心理学を志した理由は、自分自身が競技者だった頃、試合のたびに幾度となく襲われる、緊張や不安そして恐れなどの正体を見つけるためでした。しかし、自分の競技生活をジックリと振り返ってみると、過度の精神的な緊張や不安が原因で、本番で実力を発揮する事ができずに苦杯を味わった経験だけではないことに気づきました。これとは逆に、心と体が調和して、自分では考えられないような最高のプレーが出来た事などにも気がつきました。心・技・体のバランスとコントロールという課題の重要性に気づき、スポーツ心理学を用いてアスリートの心・技・体のメカニズムを研究することは、アスリートのみならず指導者にとっても大きな意義があると考えるようになりました。
　私には、心に深く刻まれた教えがあります。恩師、長田一臣日本体育大学名誉教授は、入学間もない大学院生の私たちに次のような事を話してくれました。
　学問とは実践に役立つべきものでなくてはならない。君達がスポーツ心理学を研究する目的を今一度良く考えなさい。君達の研究が、机上の空論であるのならば、それは何もしなかったのに等しい。研究が何のためになるのか、誰のためになるのかを考えて、実践に役立つ研究をしてほしい。学問というのは実践の提起する問題にこたえ、実践によって検証されるものである。アスリート

が悩み、苦しむその原因が、心理的なものならば、それを解決するのがスポーツ心理学を研究する者の使命である。研究室にばかり閉じこもっていないで、積極的に競技現場に出向き、問題解決のために競技者や指導者と共に戦いなさい。理論的に正しければ必ず成果が出るはずである。結果が出ないのは、何かが間違っているのである。例えば、月へ飛ばそうとしているロケットがあるとして、ここでいう成功とは、ロケットがしっかり打ち上がり、起動に乗って月に到着することをさすのである。もし、君達の目の前にオリンピック選手になりたいという選手がいたら、この選手をオリンピックの舞台に立たせるか否かが問われるのである。

これまでたくさんのジュニアからトッププロまで数多くのアスリート達と関わりを持ってきて感じたことがあります。それは、一般的に、アスリートは性格的にも明るく、細かいことに拘らないいわゆる明るいイメージを持たれることが多いのですが、実はそうではありません。競技に真剣に取り組めば組むほど、自分を追い込み、追い詰めて悩み、苦しみ、もがく姿がそこにありました。一流アスリートのデリケートな精神を感じることができました。これから先も恩師の言葉を心に刻み、役に立つスポーツ心理学の研究と実践をおこなっていこうと決意いたしました。

本書は、これからスポーツ心理学を学ぶ人のために、スポーツ心理学の基本的な理論を解説し、私どもがこれまで研究し実践してきた事例を提示しながら書かれています。本書を利用される皆様におかれましては、ご自身が抱えている課題解決のためのヒントとなれば幸いに存じます。

人生はドラマのようなものです。ときには勝ち、ときには負けて挫折感をなめることもあるかもしれません。しかし、その起伏が大きいほど人生はドラマチックになるはずです。その脚本を書くのはあなた自身です。そして、ここまでのストーリーは消し去ることはできませんが、ここからの筋書きはあなた自身の手で書き直すことができるのです。そうです、ドラマの最終章をハッピーエンドにするのはあなた自身なのです。

・Dein Schicksal ruht in deiner eigen Brust

（汝自身の運命は汝自身の胸中にあり：スポーツと催眠　長田一臣著より）

2018年2月（平昌オリンピックの年）

目　次

　序　スポーツ心理学を学ぼうとする方々へ……………………………………3

第1章　スポーツ心理学とは………………………………………………………11
　1．運動心理学、体育心理学そしてスポーツ心理学へ………………………11
　　Column 01　トップアスリートの思考……………………………………13

第2章　スポーツパフォーマンス向上のためのスポーツ心理学………………15
　1．運動学習とは……………………………………………………………………15
　2．運動技能（skill）………………………………………………………………16
　3．運動能力（ability）……………………………………………………………16
　4．運動技法（technique）…………………………………………………………17
　5．やる気（モチベーション）について…………………………………………17
　6．運動を上達させるために………………………………………………………21
　7．記憶………………………………………………………………………………23
　8．運動の修正法……………………………………………………………………23
　9．運動スキル獲得の過程…………………………………………………………24
　10．フィードバックとは…………………………………………………………25
　11．運動の3要素…………………………………………………………………31
　12．多様性練習（variable practice）……………………………………………32
　　Colum 02　コーチに必要なカウンセリングマインド…………………33

第3章　スポーツコーチングの心理学……………………………………………37
　1．スポーツ活動への参加動機について…………………………………………37

2．スポーツコーチの役割……………………………………………38
　　3．コミュニケーション………………………………………………39
　　4．障がい者スポーツにおけるコミュニケーション………………55
　　　Column 03　自信とは………………………………………………59

第4章　実力を発揮するためのスポーツ心理学……………………63
　　1．スポーツメンタルトレーニング…………………………………64
　　　Column 04　心理的ストローク理論………………………………77

第5章　筋力の生理的限界と心理的限界……………………………81
　　1．催眠がパフォーマンスに及ぼす影響……………………………83
　　　Column 05　プレッシャーを乗り越えるために…………………85

第6章　ブラインドテニス……………………………………………87
　　　Column 06　アファーメーション　Affirmation：断言…………92

第7章　心の構造分析…………………………………………………95
　　1．交流分析　Transactional Analysis…………………………………95
　　2．3つの自我状態……………………………………………………95
　　3．エゴグラムを用いた評価…………………………………………98
　　　Column 07　競技価値観（one's sense of value と worth）………107

第8章　実践研究………………………………………………………109
　　1．YIPSを解明する……………………………………………………109
　　2．ゴルフ界におけるイップス………………………………………113
　　3．イップスの克服のために…………………………………………115
　　　Column 08　スポーツ選手のためのライフスキル………………117

第9章　アスリートのキャリアについて……………………………………121
　1．キャリアデザイン（career-design）……………………………121
　2．デュアルキャリア（Dual-career）………………………………121
　Column 09　交流分析におけるストロークとは……………………125

第10章　ジェロントロジー（老年学）からみた心身の健康について…………129
　1．スウェーデンにおけるジェロントロジーについて………………132
　2．日本におけるジェロントロジー……………………………………133
　3．スウェーデンにおける「Pensionärensgymnastik 高齢者体操：
　　　PG」と日本における「ADL対応型高齢者体操」について……135
　4．スウェーデンと日本における幸福度の比較………………………138
　5．提言………………………………………………………………………139
　Column 10　アスリートとスポーツマンガ……………………………140

第1章
スポーツ心理学とは

1．運動心理学、体育心理学そしてスポーツ心理学へ

(1) 体育心理学について

　1910年頃から、わが国の心理学会では、ゲシュタルト心理学・行動主義心理学・精神分析学の革新的な運動が起こりました。1931年（昭和6年）、斉藤薫雄は「体育新心理学」を著し、後藤岩男は「最近体育心理学要論」（1940年 昭和15年）を著しましたが、その内容からも体育にもゲシュタルト心理学の影響が色濃くみてとれます。

　心理学者レヴィンは行動を主体との関数であるとし、行動環境論を展開した人物として知られていますが、社会的現象に実験的手法を導入して、アクションリサーチや集団力学などの面にも貢献してきました。この行動環境理論は、行動の場の理論と解することができ、スポーツ心理学に大きな影響を与えました。後藤岩男（「体育の心理」昭和34年）によれば、特に、自我の問題・行動と環境の問題（行動的環境と地理的環境）・集団力学の問題・学習などといったゲシュタルト心理学はスポーツ心理学の具体的運動場面における理論化の基礎となったといっても過言ではないと述べています。

(2) 運動心理学について

　労働心理学、産業心理学の研究成果は、体育・スポーツにおける運動場面の心理学に転用されました。とりわけ、労働心理学で取り扱われていた研究が、疲労、作業能率、動作の外的条件、個人差などであったために、労働心理学に教育的価値を与えて運動（体育運動）心理学が生まれました。関寛之は、その

著書「運動心理学提要」において運動心理学としての地位の確立に寄与した人物ですが、体育が心身教育であることを周知の事として、体育学は、生理学や解剖学を基礎とすると同時に心理学をも基礎としなければならないという理論を展開し、これを取り扱う領域が運動心理学であるとしました。すなわち、運動心理学は、生理学と同じようにexerciseやtrainingを研究対象にするものとして提唱したのです。

(3) スポーツ心理学へ

昭和5年、松井三雄によって「体育心理学」が発刊され、「体育心理学」がわが国における教育心理学の一応用学として位置づきました。

昭和初期においては、学校で実施される身体活動を"体育"とし、成人の一般遊戯の中で身体的なものを"スポーツ"と位置づけておりました。戦後、松井によって「スポーツ心理学」(昭和34年)が著され、スポーツ心理学は身体的最高能力発揮のための闘争であるスポーツを対象とし、そのために必要な条件を心理的に研究することをその課題としました。ここでの"スポーツ"は、教育的価値を含まない遊戯から発生した狭義な意味での"スポーツ"と理解できます。

1956年(昭和40年)に国際スポーツ心理学会が設立され、わが国においても、1973年(昭和48年)に日本スポーツ心理学会が組織されました。

日本スポーツ心理学会の設立は、1964年(昭和39年)の東京オリンピック開催が大きな影響を及ぼしたと考えられます。東京オリンピックを契機にわが国では、スポーツ科学という名称が定着し、これを境として、スポーツ科学の研究は、競技スポーツを対象とするものであり、スポーツ医学、生理学を中心とした自然科学の色合いの濃いものが主流となりました。わが国の体育・スポーツ研究は、学校体育をその対象として発展してきたものであり、体育が身体の教育として扱われてきた経緯があるわけですが、そのことにより、スポーツを対象とする研究が自然科学を中心としたものとなってしまいました。

そういった理由から、体育は人文科学的な研究領域になっていったのは

むしろ自然の流れだったのかもしれません。わが国では、本来"スポーツ=SPORTS"と"体育=Physical education"は区別されるべきものであるのに対して、共に"SPORT(S)"英語表記されたりすることから、スポーツと体育が同義に解釈されることが多く、明確な区別がつけられてこなかった経緯があります。このような体育の両義性は、体育心理学の概念にも大きく影響を及ぼしているのですが、1964年（昭和39年）の東京オリンピックを契機に、競技における心理学的研究がクローズアップされ、スポーツ心理学は急速なる発展をみせたために、従来の教育を中心とする"体育"の概念では包括することが困難となり、体育心理学と区別する領域としてスポーツ心理学が誕生したのです。

しかしながら、日本スポーツ心理学会の設立は、体育心理学と区別するためのスポーツ心理学ではなく諸外国の影響を受けてこれらを包括する広義のスポーツ心理学として位置づいたこともまた事実である事を認識しなければなりません。

Column 01　トップアスリートの思考

　一般的に、アスリートは考えることが苦手のように言われがちですが、果たしてそうでしょうか。トップアスリートは、素晴らしい技術力や強靭な体力に加えて、確固たる競技哲学や人生哲学を持っています。彼らが競技を通じて、スポーツの技術を磨くだけではなく、其々の競技に人生をかけて取り組み、深く物事を考えているからです。考えるためには、教養、知恵、工夫そして忍耐力が必要です。深く垂直思考するだけでなく、水平思考（ラテラルシンキング）も大切です。

　オリンピックでメダルを獲得した選手がインタビューで必ず言うことがあります。それはコーチ、家族、仲間そして観客への感謝の気持ちと、対戦相手への尊敬の言葉です。「君がいたから戦えた」と。感謝と尊敬の心を忘れない姿勢が、人を感動させるのです。

　スポーツマンにしかスポーツはできない

　テニスには引き分けがありません。勝敗を決するまで闘い続けます。長時間にわたり正々堂々と闘った選手たちが、ゲーム終了直後、ネットに歩み寄り、お互

いの健闘を讃えて、ガッチリと握手を交わすという光景をよく目にします。これは感動の瞬間です。そこにはグッドルーザーはいても敗者は存在しません。「勝てば官軍」というのは、スポーツには相応しい言葉ではないと思います。スポーツとは単に体を動かしたり、汗をかいたりするいわゆる「運動する」ことではなく、自分と相手を尊重し、フェアに最後まで勝負することだと考えます。そのプロセスを経て、友情が芽生え、真の仲間ができるのです。だから、スポーツの意味を理解しているスポーツマンにしか、「スポーツをする」ことは本来できないのです。

　仕事でもスポーツでも、自分を向上させるためには必ず壁にぶち当たります。それを乗り越えるためには、猪突猛進の行動力やバイタリティー、技術だけでは不十分です。周辺知識や教養そして人とのネットワークなどもキーワードとなるはずです。さらに「遊び心」や「自由な発想」がエッセンスとなり、大きな活力となることは間違いありません。深呼吸した時にふっといい考え浮かぶことがあるでしょう。何かを成し遂げようと思ったら、まず背筋を伸ばして周りを良く見渡してください。視野を広くして生き生きとした眼でチャレンジしてみてください。

　※グッドルーザー"とは、よき敗北者。潔い敗北者。負けを認め次に挑戦をしていく人。

第2章
スポーツパフォーマンス向上のためのスポーツ心理学

　スポーツ競技で発揮されるパフォーマンス（成績）は、身体的、技術的な条件はもとより、心理的な影響を受けていることはいうまでもありません。古くから日本の武道においては、"心・技・体"のバランスが重要とされ、中でも"心"の大切さが説かれてきました。競技者は通常、体力と技術の練習に励みパフォーマンスの向上を図りますが、これまで培った実力を本番で発揮できるかどうかは、それを統括している"心"の状態で決定されます。また、優秀な指導者は、選手のこころの状態を把握し、運動学習の理論に基づいた系統的な指導をしています。その結果、選手は練習の中で、「わかる」「楽しい」「出来る」「やる気がでる」などといった達成感を感じながら、効率の良い運動学習がなされるので、パフォーマンスが向上していくのです。そういった意味も含めて、ここでは、指導に役立つ運動学習理論について解説していきます。

１．運動学習とは

　運動も語学の学習や数学や理科の問題を解くのと同じように、トライ＆エラーを繰り返しながら学習し上達していきます。優れたプレーや試合で勝つための運動の中核は、運動学習であり、さらに学習とは、中枢神経の働きについて使われる言葉であり、末梢の器官の機能である体力については使わないと述べています。したがって、運動学習の理論を学ぶことは、系統だった正しい練習プログラムを構成するために非常に大切な事です。

2．運動技能（skill）

　運動技能とは、時間をかけて練習し学習されたもので、ある特定のスポーツ種目の基礎技能となるものです。これは学習初期の段階では、高度の注意と集中力を必要としますが、学習が進むにつれて運動技能は自動化され、さほど注意しなくとも正しく発揮されるようになるのが特徴です。「市村操一編著：トップアスリーツのための心理学「スポーツ心理学入門」同文書院より」

　また、Johmson H.W 1961は、運動技能を以下のように表しています。

　　Skill ＝ 　Speed 　× 　accurac 　× 　 form 　 × 　adaptabilty
　（技術）＝（スピード）×（正確さ）×（フォーム）×　（安定性）

「運動指導の心理学より」杉原隆著　大修館

3．運動能力（ability）

　運動能力とは、目的特定的なものではなく、一般的な遂行可能性を意味しています。例えば、手先の器用さなどはまさに能力です。器用だからこそ、ピアノの演奏、裁縫、料理、ゴルフのプレー、野球の投球などが上手くいくのであり、パフォーマンスの成果を左右する基礎的要因となっています。その他、「反応の速さ」「空間認知の適切さ」「筋力」「持久力」「バランス」なども運動能力の代表であり、プレーと基礎となるものです。

4．運動技法（technique）

　運動技法とは、特殊な目的のための運動様式を指します。
　例えば、陸上競技における走り幅跳びのハサミ跳びや反り跳び、走り高跳びのベリーロールや背面跳び（フォスベリーテクニック）」、テニスにおけるストロークのライジング打ちなどはその代表と言え、問題解決のために、考え出された動きの形態を意味します。

5．やる気（モチベーション）について

　スポーツパフォーマンスを向上させるためには、トライ＆エラーを繰り返しながら、忍耐強く地道な練習を繰り返さなければなりません。失敗ばかり繰り返していると練習にも熱が入らなくなるのは自然なことです。人間の行動と「やる気」とは深い関係があり、行動を起こすためには大きなエネルギーが必要です。このエネルギーがなければ行動が起きてきません。それを心理学では「動機づけ：モチベーション」と呼んでいます。

（1）外発的動機づけ（extrinsic motivation）
　外発的動機づけとは、外的な報酬や承認を得るための手段となって、行動が起こる事をといいます。例えば、試合に勝つとコーチに褒められたり、練習を真面目にやっていると褒美が貰えるというように、「賞や称賛」を得ることが行動のエネルギーになっている場合と、逆に試合で勝たないと「叱責や注意」などといった、いわゆる「罰」を避けることが行動のエネルギーとなっているケースがあります。両方とも、行動が外的な要因で影響されているため、「賞や罰」がなくなると行動は起きなくなるので注意する必要があります。

（2）内発的動機づけ（intrinsic motivation）

　テニスが本当に好きで、興味・関心がテニスそのものにあり、活動それ自体に価値を見出して行動が起こる事を内発的動機づけといいます。

　内発的動機づけで起こった行動は、主体的でかつ積極的なので、できない事に決してめげることなく、自らの工夫と創造性でチャレンジしていきます。「下手の横好き」という表現がありますが、それ自体が好きで、出来栄えに左右される事なく挑戦していく人たちです。

　一般的に外発的動機づけよりも"内発的動機"づけによって起こる行動が、学習効果も高く運動の継続性が高いといわれています。報酬を目当てに行動が起こる"外発的動機づけ"は、即効性は高いものの"内発的動機づけ"を弱めてしまい、外発的動機づけが無いと行動が起こらなくなってしまうのです。

　指導者においては、選手の心理状態をよく観察し、「外発的動機づけ」と「内発的動機づけ」のバランスを取りながらコーチングすることが大切です。

（3）反発的動機づけ

　選手を育てるには、一般的には、褒めることが良いといわれています。指導者から叱られてばかりの選手は、失敗を恐れプレーが萎縮してしまいます。逆に褒めれば、自尊心が高まりやる気が出てきます。しかし、褒めることは、いいことずくめのようですが、時には、心を込めて叱ることは決して悪いことではありません。選手の「なにくそ魂！」に火をつけてください。

　指導者は相手を叱る際には、感情的になって怒鳴り散らすのではなく誠心誠意を込めて叱ることが重要だといえます。感情的になり、選手の努力不足や技術不足を指摘することはプレーや競技に不快なイメージ（シェマ）を形成することとなり、叱る指導者に対しても不快な感情を持つことになります。やる気を減少させる結果にのみとどまってしまいます。叱るときは、お互いの人間的な信頼関係のもとに感情的な指摘だけでなく、選手の気持ちも理解しながら指摘することが重要なことなのです。「これぞ」と思ったときだけに限定しなけ

第2章　スポーツパフォーマンス向上のためのスポーツ心理学

れば効果がないばかりか逆効果になることもあります。

(4)「指し手的感覚と駒的感覚」

アメリカの心理学者ド・シャームは、行動の主体が自己にあるのか他者にあるのかという認知によって意欲が異なると述べています。

自分が主役であり、自分の運命は自分が決めるというような考えを（指し手的感覚）を持っている選手と、自分の行動は他人からコントロールされているような感覚（駒的感覚）になっている選手がいます。後者は、いうならば指導者の操り人形であり、命令を聞いてからでなければ行動を起こすことができませんので主体性が失われてしまいます。そのために、人の顔色を伺うなど、過度に緊張や不安が高まってしまう可能性が大きくなります。

(5) 学習性無力感（Learned Helplessness）

いくら頑張ってもうまくいかない。一生懸命やっても誰からも認められない。こうなると、自然とやる気がなくなっていきます。アメリカの心理学者マーティン・セリグマン博士（M. Seligman）は、犬に足かせを付けて逃げられない状態で電気ショックを与え続けました。はじめは電気ショックから逃れようと逃げ回りますが、時間がたつにつれ逃げることをしなくなります。後に、この犬を自由にして再び電気ショックを与えたところ、逃げることができるのにもかかわらず、逃げることをしようとしません。これは、長い間、回避不能な状態におかれた犬は、いくら努力しても無駄であるということを学習してしまったのです。これを学習性無力感といいます。

実際の場面でも、難しい課題ばかりに挑戦していると、失敗ばかり繰り返します。また試合でも強い相手とばかり試合をしていると負け試合ばかり経験する事になります。失敗は成功の元という諺がありますが、失敗ばかりではやる気が失われますので、挑戦する課題を上手に選択して成功と失敗のバランスをとるように心がけることが大切です。

学習性無力感が生じるプロセスを杉原は、次のように説明しています。

学習性無力感が生じる過程
1．練習しても上達しない（事実）
2．練習しても上達しないことに気づく（認知）
3．上達しない原因は自分に能力が無いためだと考える（帰属）
4．将来、努力しても上達しないと考える（期待）
5．学習性無気力症状（意欲の低下、学習障害、嫌悪感、無気力性格）
上記のプロセスを理解して、学習性無力感に陥らないようにしてください。

(6) 自己効力感（Self-efficacy）

　競技スポーツにおいて正々堂々と戦って「勝つこと」は、第一の目的といっても過言ではありません。高田（1997）は、勝つことは、選手にとって大きな喜びとなり、これが自信を育てるきっかけとなる。そのことで得られた自信は、「自分は出来るのだ」といった肯定的で前向きな可能性とやる気を生じさせる積極的（ポジティブ）なエネルギー源であると述べています。さらに、自己効力感の提唱者バンデュラ（Bandura A）の意見を参考にして、自己効力感を形成する四つの情報源をあげています。
1．直接体験：自分で実際に行動し成功すること。
2．代理体験：他者（ビデオ etc.）を観察することにより、間接的に体験する。
3．対人的影響：周囲からの評価、賞賛
4．生理的変化：成功したときの、生理的変化を記憶し再現する。

　「私はきっとできる、やればできるんだ」という認知が自己効力感です。成功体験を重ねると、自己効力感（Self-efficacy）が高くなり、やる気がわいてくるのです。その結果、周囲から高い評価を受けさらに自己効力感が高まることになります。コーチの主な仕事は、選手の自己効力感を高めることなのかもしれないと述べています。
　ある有名なテニスコーチ次のような事を話してくれましたので参考までに紹介いたします。「ツアーを転戦するプロ選手が成功するためには、心・技・体

の全てが大切です。しかし、それと同じくらい大切な事があるのを知っていますか？それは、どのような試合を選択するかということです。

　アスリート達は、世界ランキングをあげるために、少しでも高いレベルの試合に挑戦して一ポイントでも多く獲得しようと努力しています。しかし、これが災いとなり勝てなくなる場合があります。まさに急がば廻れです。高いレベルの大会の出場し、もし負けが２大会３大会と続いたら、選手には絶対無理をさせません。グレードを下げて勝てそうな大会を選択するのです。レベルの低い強い選手が出場していない大会を選ぶということです。そこでは、何試合も勝ちを経験しますから、勝つための方法を再確認できると同時に気分良くなり自信が出てきます。その勢いを利用して、グレードの高い試合に再挑戦すると不思議と勝ちあがっていくものです。」（テニスコーチ談）

　まさに、このコーチの言葉は、勝つ味と勝ち癖を選手に経験させることの大切さを意味しています。

6．運動を上達させるために

　自分の思っているところにボールを打ちたい、相手の取れないところにボールを打ってエースをとりたい、相手から打たれたボールをミスすることなく打ち返したい。この思いは、スポーツパフォーマンス向上のためには大切な動機づけとなります。しかし、強い思いだけでは達成できないのがスポーツの面白いところです。運動が上手になるためには、運動学習理論をしっかり学んで実践する事が大切です。

（1）運動感覚的学習方法
① 視覚情報を利用する

　運動感の情報源として、視覚は重要な働きをしています。「百聞は一見にしかず」ということわざが示すように動きをよく見ることによって視覚的な情報を取り入れることは、新しい運動を獲得するために有益な手段となります。た

とえば水泳では、親指入水にするとき、入水するその瞬間の手先をしっかりと目で追って、確かに親指から斜めに水の中に入るイメージを網膜に刻ことが大切です。そのためには、水中の手の動きをじっくり観察するし、視覚だけでなく、その指先が水の中に入ったときの水が流れる感触を実感するというように、多様な刺激を与え、それを意識して練習する場合することがあります。

大人になってからスイムを覚えた人の多くは、腕は使えても、ストロークするときに背中の筋肉に意識を集中したり、使ったりすることが出来ないことがあります。そんなときは、コーチや友人に、広背筋を触ってもらうだけでも意識できるようになります。

② 言語情報を利用する

視覚情報の重要性はこれまで説明してきましたが、視覚情報が誤った動きを引き起こすことがある事を知っておく必要があります。

初心者スイマーに、Ｓ字プルをさせてみると全く違った動作をしていることがあります。また、ゴルフでもプロのスイングを真似しているつもりが映像で観てみると似ていない場合があります。こういった場合は、コーチから言語情報を用いたアドバイスを聞くことで理解が深まります。「腕をＳ字にかくのではなく、手は真っ直ぐで、身体をローリングさせれば、相対的にＳ字になるんだよ……」といった、言葉の指導で動きのコツが見えてきます。

視覚だけでなく、言語情報（言葉）のイメージを利用しながら練習することは効率の良い学習方法です。「ふわーっと、ボールを抱え込むように」とか、「ドーンと頭から前につんのめるような」といった感覚的な言語情報を用いたコーチングによって動きの「コツ」が分かるようになります。

7．記憶

(1) 短期記憶と長期記憶

　運動スキルを獲得する場合、記憶のメカニズムを理解することが重要です。

　人間の記憶には、短期記憶(Short Term Memory = STM)と長期記憶（Long Term Memory = LTM）があることが知られています。短期記憶とは、例えば電話番号を調べ、その場でダイヤルすることは可能ですが、時間がたてば忘れてしまうような記憶のことをいいます。また、長期記憶とは、九九の暗唱や自転車乗りなどのように、一旦学習してしまったら時間がたっても忘れない記憶を指します。

　最近の記憶研究では、短期記憶から長期記憶へとメモリーの転送が行われると、情報は永久に貯蔵されることがわかってきました。スポーツにおける運動技術の獲得は、繰り返し行われる反復練習を通して、短期記憶から長期記憶に移行させるための作業だと言って過言ではありません。

　反復練習は、「正しい動きの学習と習得」のために行うものですが、ある一定の基準に達しても継続して余分に練習をおこなうことが大切です。なぜならば、一定量よりもオーバーになるくらいの練習（過剰学習）は、運動の自動化（オートマティック）と安定をもたらすからです。

8．運動の修正法

記憶が鮮明なうちに修正する

　自分のスイムフォームやランニングフォームをビデオで見せられて驚くことがあります。自分では正しいフォームができているつもりでも、実際に客観的に見てみると、とんでもない動きになっていることも多々あります。このよう

に自分の感覚と、実際の動きの間のギャップを埋めるという作業（運動修正）がスポーツパフォーマンス向上にとっての鍵となります。

　「その日の練習が終わってから、反省会などでビデオを見せられることがありますが、この場合、自分の動きがズレているといった認識しかできずに、多くの場合、運動の修正をするまでには至りません。先ずは、撮影した映像をその場で再生して選手に見せることが重要です。そして、どのように修正すべきかを明確にして、すぐにやってみると効果的です。そして修正した動きをさらにビデオ撮影して、すぐ見て、さらに再修正を加える……。こういった作業を続けることで、動きはしっかり修正されていくのです。運動イメージが鮮明なうちに見せて、すぐに修正作業を行う事が大切です。

9．運動スキル獲得の過程

　技術（スキル）系の練習をするなら疲労のない状態で行うのが良いでしょう。疲労した状態で行えば、運動感覚や筋感覚が鈍感になります。さらにフォームが崩れる。崩れたフォームで何度も何度も同じことを行えば、誤ったフォームを神経や筋肉に刻んでいるようなものですから気をつけなければなりません。疲労が蓄積して、モチベーションが低下し「どうせできっこない」などといったネガティブな考えが浮かんできたならば、思い切って、まったく違った練習を入れてみるのも効果的な学習方法です。

　トライアスロンの場合なら、試合で主に使う泳法であるクロールだけでなく、別の泳法での練習を行う、いうならば運動プログラムの切り替えを狙った練習も効果が認められています。

　いつも同じ場所で同じメニューで同じスピードで練習することによって、知覚の飽和状態（過度の過剰学習状態）が生じてしまうと、学習にマイナスの効果を及ぼします。そのような場合は、場所や時間、力の感覚に変化を加え、通常と違った刺激を与えることで、運動感覚が刺激されます。夜やっていた練習

を早朝やってみる。いつもより少し速いスピードで走ってみる。パドルをつけて水の重みを感じてみる……。そんな、いつもとは違う刺激を工夫しながら加えてながら意識の置き所を様々変えることで、より研ぎ澄まされた感性が働き、動きを獲得しやすい条件をつくることができるのです。

10. フィードバックとは

　フィードバック（feedback）とは、ロボットを作るときに応用される制御工学の分野でよく使われる用語で、動きを調整するための大切な情報となっています。人間には生命を維持するために、外界の気温や湿度などといった環境が急変しても、体温や血圧を一定に保とうとする恒常性（ホメオスタシス）という機能があり、環境の変化を正確にキャッチして身体の機能を調整しています。フィードバックとは、運動の「結果」から生じた「情報」を「受け取る」ことを意味します。新しい運動スキルを獲得するためには、運動を修正していくための、内外のフィードバック情報は必要不可欠です。

　市村は、運動技能を獲得する練習を大きく二つに分類しています。「一つは、正しい技術を探りあててなんとかできるようになり、その動きを正しくイメージできるまでの段階。二つはできた技術を固めていく段階（グルービング）。ここでは一旦できるようになった動きをくり返して練習する段階である……」と述べています。一流のコーチは、選手に対して、練習中にさまざまなフィードバック情報を与えています。それは単にフィードバック情報を与えているのではなく、タイミング、質そして量は絶妙で、見事に計算されている。コーチだけでなく選手も同様に様々なフィードバック情報を活用して、動きをコントロールしているのです。

　ボールをバットで上手く打つためには、まずは「コツ」をつかむ練習をすることです。「コツ」つかむためには、正しい動きや正しい打点に気づかなければなりません。そのためには、一定のスピードとリズムでボールを出してもら

いながら練習をしていくと、良い当たりなのか、悪い当たりなのか分かるようになってきます。次の段階では、良いあたりをするための方法を探し出してみます。ラケットの引きや、体の使い方の修正してみましょう。そこで、気づいて欲しいのは、打球するために利用できる情報源は、一つ前のボールの打球感覚だという事です。ダーツやテニスの10球的当てゲーム、バスケットのフリースローを思い出してください。打球したボールが成功であれば同じことを再現しようとします。失敗であれば修正するはずです。「もう少し前で！」とか「もっと上だな！」「打点」や「力の入れ具合」そして「フォーム」を修正していくはずです。正しいフィードバックがなければ、運動は修正も学習もできないのです。

（1）フィードバックのタイミング

ボールを打った感触が筋肉や神経に残っている間に修正する事が大切です。10人の選手を一列に並ばせて、フォアハンドストロークを一本づつ打たせてローテーションさせる練習は、運動を修正するための練習としては相応しくありません。運動の感覚が残っているのは約10秒前後といわれ、ボールを打ってから、列の後ろにつき、自分の番がきてボール打つまでには、打球感覚が消えてしまいます。運動を修正するためには、連続的に打つほうが良いでしょう。そして、自分の感覚とコーチのアドバイスを同時にフィードバックしながら練習していくことが、合理的な練習法だといえます。

（2）内在的フィードバックと付加的フィードバック

運動学習の研究者であるフィッツ（Fitts. P. .M）らは、フィードバックには二つのタイプがあると述べています。一つ目は、内在的フィードバック（intrinsic feedback）です。これは、他者や物に頼らず、結果を自分自身の聴覚、視覚そして筋感覚などを用いて判断し、運動を修正していくものです。

もし、狙った所へボールが飛んでいかなかった場合、目標からどれだけ外れていたのか、次はどのくらいの強さでボールを打てばよいのか、自分自身の感

覚を手掛かりにして判断しコントロールする方法です。

　独り黙々と壁を相手にボールを打ち合っている状況や、自分の筋感覚にフォーカスしている状況は、まさに内在的フィードバックを利用しながら練習している状態です。

　もう一つは、付加的フィードバック（augmented feedback）です。これは、自分の外側からもたらされる情報を利用して修正する方法です。コーチや同僚からのアドバイスがこれに当てはまります。「ラケットをもう少し速く引け」とか「膝を曲げて」（言語的）などといったもののほかに、実際にコーチがラケットを理想的な打点にガイドして打球時の筋感覚を生起させる方法もあります。また、ＶＴＲで撮影した自分のフォームを見るビデオや鏡などで、実際に自分の動作を目で見ながらの（視覚的）フィードバック方法といったようなものがあります。これまでの研究によれば、付加的フィードバックは初心者にとっては、あまり効果的ではないといった報告があります。なぜならば、付加的フィードバックをいくら与えても、自分自身の筋感覚や位置感覚がつかめない初心者には「膝の曲げ具合」や「ラケットを早く引く」という感覚が分からないので、アドバイスを与えても有効利用できないのので、各人の技能レベルの応じたフィードバック方法があることを理解することが大切です。

(3)　映像を用いたフィードバックの実際

　デジタルビデオカメラ、パーソナルコンピューターおよび映像解析ソフトウェアの発達は、スポーツ選手のパフォーマンス向上に貢献をしています。さらに、これらの映像解析技術は、テレビや新聞・雑誌といったメディアの配信にも活用され、視聴者にも分かりやすい情報として提供されてきました。

　Jeffrey Benner氏は「オリンピック報道で話題のデジタル映像技術　―選手強化にも貢献―」（2002年2月13日）と題して、映像解析ソフト「Dartfish Software：Dartfish社製」について次のような記事を掲載しています。

　『サイマルカム』（Simulcam）は、米ＮＢＣのオリンピック報道を効果的に演出するなかなか気の利いた映像技術である。視聴者は、別々に滑ったスキー

選手が同じ画面でバーチャルなレースを展開するのを楽しめている。オリンピックの舞台裏では、同じ技術が選手のトレーニングやコーチによる指導に利用されている。サイマルカムの技術は、1999年にコロラド州ベールで開かれたスキーの世界選手権大会の報道で初登場した。米国スキーチームのコーチ陣は、選手の滑りを微調整する強力な道具になり得るとしてこの技術に着目した。スイスのダートフィッシュ社が制作したこのソフトウェアは、デビューから3年たった今、オリンピック競技の世界に旋風を巻き起こしている……。

　近年、わが国でもこのような映像解析技術が、野球、テニス、ゴルフ、水泳などのコーチングに応用され、効果をあげています。例えば、アテネオリンピック水泳平泳ぎ200mの金メダリスト、北島康介選手を指導する平井コーチは、不調だった日本選手権を機に、北島選手のフォームを映像で比較分析し、手のかき方、膝の引き方、キックのタイミングを徹底的に修正したと述べています（2005年7月29日　スポーツニッポン）。また、2004年12月中日ドラゴンズが日本プロ野球界で初めて、ピッチングやバッティング動作を分析するために「Dartfish Software」を導入し、選手のサポートをしていくと発表しました（2004年12月23日　中日スポーツ）。このように、競争の激しい競技スポーツの世界では、経験や勘だけに頼った指導では勝ち抜くことは不可能であり、映像解析などから得られた客観的なデータを積極的に活用するようになってきました。

(4)「Dartfish Software」の機能について
① SimulCam（映像合成）について
　Dartfish Softwareの最大の特徴は、映像を合成する機能を持っていることです。この機能は、二つ以上のプレーを同一画面上に合成することができ、自己のパフォーマンスの比較はもとより、第三者との比較をすることも可能です。アルペンスキーの世界では、すでに米国、オーストリア、ドイツ、スイス、そしてイタリアのスキーチームSimulCam（映像合成）を活用しており、米オリンピック委員会スポーツ科学部門（コロラド州コロラドスプリングス）でも、

このソフトウェアを用いて、技の微調整を行ない、コーチと選手とのコミュニケーションの効率を向上させていると報告しています。SimulCamは、選手のパフォーマンスをデジタル映像に変換しているため、従来のスローモーションや静止画像だけでなく、自分とライバル、または自分自身の現在と過去の映像などを容易に比較することができるので運動スキルの修正に効果的です。

SimulCam（映像合成）

② StoroMotion（軌道分析）

StoroMotion（軌道分析）機能とは、分解した映像を静止画と動画で合成する機能です。動画上に選択した映像が残されていくため、動きの特徴がリアルに再現できるのです。古くは、2005年12月16〜17日に開催された、フィギアスケートグランプリファイナルのテレビ中継（テレビ朝日）で、StoroMotion機能が採用され、迫力ある映像が視聴者に提供された。この図（上段）は、フィギュアスケートのトリプルループのコマ送り映像を一画面上に現したものである。この機能は、特に体操、スケート、スキージャンプ、フリースタイルスキー、スノーボードなどといった、アクロバティックな技の完成に活用されています。

StoroMotion（軌道分析）

③ Analyzer機能（分析機能）
　デジタル変換した画像データに対して、任意のポイントを選択することによって、その部位の速度、角度、軌跡そして距離などのデータを得ることができる。図4は、学生テニス選手のサービス時のフォームを示しました。画像中に基準となるスケールを入れ込むことによって身長、スタンスおよび身体各部位の角度といったような様々なデータを収集することができます。

第2章　スポーツパフォーマンス向上のためのスポーツ心理学　　31

Analyzer（分析機能）

11. 運動の3要素

　ボールを上手に打つためには、どこで、どのくらいの強さで、いつ打つかが大切です。
　いわゆる、スペーシング、グレーディング、タイミングとよばれる3つの要素をしっかり自己コントロールできなければ成功しません。スペーシングとは、ボールと自分やラケットとの距離感およびコート上での自分の位置などといった、空間的感覚を意味します。グレーディングとは、どのくらいの強さでボールを打てばどのあたりまで飛んでいくのかといった力感覚を意味します。タイミングとは、ボールが飛んできていることを認知して、いつラケットを振り始めればスタイミング良くボールを捕らえる事ができるかといった、時間的感覚を意味しています。

(1) 2通りの練習

　市村（1993）は、練習には2通りあると述べています。まずは、正しい技術を探り当て、なんとかできようになり、その動きを正しくイメージできるようになるまでの段階があります。いわゆるコツをつかむ段階です。コツをつかむ

ためには、安定したボールをゆっくり送ってもらい、自分の動きを感じながら冷静に練習することが大切です。「失敗した」「成功した」といだけの評価だけではなく、自分が何をどのようにしているのかといった事を感じながら練習してください。また、指導者は、運動を修正するフィードバック情報としては、「もう少し」「あと僅か」などという表現ではなく、あと何センチ、何度の方向といった具体的な表現を用いて指導してください。

　2つ目は、掴んだコツを固めていく練習です。脳に神経や筋肉をコントロールするプログラムとして刻み込む練習をしなければなりません。この事を、Grooving（グルービング）＝溝を刻といい、正しい反復練習を繰り返しすることによって中枢神経系（特に小脳）の中特に、神経細胞にネットワーク（つながり）が出来ることで安定した動きができるようになるのです。

　この二つの練習をバランスよく実践していく事がパフォーマンスの向上につながります。

12. 多様性練習（variable practice）

　通常、視覚ハンディキャップテニスにおいて練習をする場合、どのような練習プログラムで行われているでしょうか。杉原（2003）は、効果的な練習方法について以下のような意見を述べています。

　練習には、同じ動きを何回も何回も繰り返して練習する方法があります。

　例えば、同じ高さの同じスピードで飛んでくるボールをフォアハンドストロークのトップスピンで打ち返す練習をまるで機械のように長時間続ける練習をイメージしてください。これを恒常性練習（Constant practice）といいます。

　一方、多様性練習（variable practice）は、ボールのスピードや高さ、打球技術を適当に混ぜながら練習する方法です。この練習によって、運動感覚スキーマーを形成するための学習効果が高いといわれています。

多様性練習の構造（例：3つの動きで18回の練習をする場合）

ブロック練習	AAAAAA	BBBBBB	CCCCCC
シリアル練習	ABCABC	ABCABC	ABCABC
ランダム練習	BACABC	ABCABC	CBACBA

あらかじめ予測されるような、練習中においては、ブロック練習のほうがランダム練習よりも高いパフォーマンスを示しますが、練習を続けてくうちにブロック練習よりもランダム練習のほうがパフォーマンスは高くなることが報告されています。

学習初期段階においてはブロック練習の割合を多くして、徐々にランダム練習に移行することが良いということになります。

「運動指導の心理学」杉原隆　大修館書店

■ *Colum 02* コーチに必要なカウンセリングマインド ■

あるオリンピックの金メダリストが、自身の経験を振り返ってつぎのようなことをいっていました。それは「自分の限界は自分だけでは決して超えられない。私が自分の限界を突破できたのは、コーチやトレーナーといった方たちのサポートのおかげである……」と。

コーチは選手の能力を向上させ、試合で実力を発揮させるために重要な役割を担っています。一流選手になれば、コーチ、トレーナー、ゲーム分析、メンタル、栄養などそれぞれの専門家が役割を分担してサポートすることもあるわけですが、一般的には、コーチが一人二役も三役やっているのが現実です。それゆえ、コーチには、幅広い知識と高い能力が要求されます。

最近、ビジネスの世界では、「コーチング」が注目されています。コーチングについてのルーツはスポーツの世界ですから、あらためて説明する必要もありませんが、目標達成に向けて必要な「知識」や「スキル」などを、効率的に成果が上がるよう指導していくことを意味しています。コーチは、目標達成のために何

をしなければならないのかを常に考えていなければなりません。選手に対して一方的に命令を出すだけでなく、ある時は相手の立場にたって悩み、考え、苦しみ、そして喜びを分かち合いながら、共に成長していくという「カウンセリングマインド」が必要不可欠なのです。

そこで役立つのがカウンセリングのスキルです。カウンセリングとは、悩みや問題を抱えているクライアントに対して、問題の解決やその糸口を見つけだせるように援助することを目的としています。したがって、カウンセラーが、クライアントを説得したりして考え方を変えさせるようなものではありません。相手を尊重しながら、受容的な態度で相談を受けていくのです。クライアント自身が自らの手で問題を解決し、乗り越えていくことを手伝うことを意味します。

いいコーチはそれを知ってか知らずか、自然なやり方でカウンセリングスキルを応用しています。「このコーチは話しやすい」とか「このコーチと話していると問題すっきりと解決できる」と選手が言うようなら大成功です。一方、「あのコーチは全然話を聞いてくれない」とか「ますます問題がむずかしくなった」などと言われるようでは効果的なコーチングはできません。

カウンセリングとコーチングですが、基本的に同じものではありませんが、上手に活用できると非常に効果的なものになるので、その意味を知っておきましょう。

カウンセリングの法則を考えていきます。まずカウンセリングにおける面接の基本スキルは次の5つから構成されます。1 |受容|〈需要〉、2繰り返し、3明確化、4支持、5質問——ひとつずつ見ていくことにします。

1 |受容| 需要／カウンセリングでは相手を受け止めて、相手の世界に入り込んでいかなければなりません。それができるとお互い信頼関係が生まれ、相談者は自分の中に自己肯定感を持つことができます。

2 繰り返し／悩みを持つ人（相談者）は、何が原因かわからずに苦しんでいます。ですから、相手の話によく耳を傾け、何が要点なのか聴きとることです。こちらの意見や感想などは入れずに、「あなたが言っていることはこういうことですか」などと言って、要点を繰り返しながら内容を聴き出していきます。

3 明確化／相談者は何が問題点かうすうす気づいている場合もあります。そこで、その気持ちを察して、その問題点に焦点を当てて、言葉で表現していく作業を手伝います。

第2章　スポーツパフォーマンス向上のためのスポーツ心理学

　4　支持／私もそう思うし、みんなもそう感じているよというように、自己受容を促進させます。クライアントを支持しているということを理解してもらうため、論理的な根拠も持ち合わせておくことが重要です。

　5　質問／質問による情報収集を行い、問題点について考えていきます。質問にはふたつのタイプがあります。イエスかノーか、右か左かというように答えを選択する形の質問「クローズドクエスチョン」と、自分の中にあるものを吐き出させるような質問「オープンクエスチョン」があります。両者を使って質問することによって、心の中にある問題を芋ずる式で吐き出させることができます。

　このような方法で、カウンセリングを進めていきますが、コーチはいくつかのことを気をつけなければなりません。忘れてはならないのが、相談者の自己治癒能力を引き出すということです。コーチは本来、クライアントを「支持する」傾向が強いものです。しかし、カウンセリングの世界ではその「支持」がプラスに働かないと考えられています。「こういうふうにしたら…」と支持を与えると、クライアントはその通りに行動することになり、それで問題が解決してしまうと、カウンセラーが問題を解決したことになり、クライアント自身が問題を解決したという感覚を持つことができないのです。

　カウンセリングの世界で一番大切なことは、クライアント自身で問題を解決することです。自己治癒力をつける手助けをするのがコーチなのです。

　ですから、手助けをするためのプロセスをコーチは知っておかなくてはなりません。プロセスのはじめは、まず問題に気づくこと。そしてその問題を明らかにして、解き方を提案します。そして推論して、検討していきます。この手順をよく覚えておきましょう。

　ところで問題を解決しようとするとき、時間の短縮を求めがちですが、問題解決にはある程度の時間がかかるということを忘れないでおきましょう。もっともよくないのは、問題の原因だけ探して、きちんと解決しないでやむやにしてしまうケース。これは傷口を見つけたものの、塞がないで放置したため、いっそう傷が広がることになります。問題が大きくなって複雑化してしまいますから悪循環です。

　何度も何度も同じ問題にぶち当たるという人は、このカウンセリングの手法を応用して問題解決に当たってみてください。

第3章
スポーツコーチングの心理学

1．スポーツ活動への参加動機について

　コーチがスポーツ活動に参加しているメンバーの動機を知ることは大切なことです。参加動機を把握することは、やる気を継続させる上で非常に重要な役割を果たします。Vealey（2005）は、人がスポーツに参加する動機は大きく4つに分類されると述べています。ここでは、Vealeyの意見を参考にして、人がなぜスポーツ活動に参加するのかを考えていきます。

　その理由の一つめは、達成感を得るためです。これは、スポーツを通して、目標を達成する喜び、つまり達成感を得るために参加するというものです。例えば、テニスの初心者が、一生懸命練習することにより、やっとボールがラケットに当たるようになった、打ったボールが相手のコートに返るようになった、相手とラリーが3本続くようになった、ゲームができるようになったなどといった、競技技術の向上や、新しい技術習得を実感することによって、達成感が得ることができるというものです。

　二つめは、積極的な友好関係を築くためです。これは、スポーツを通して、人との出会い、仲間を作り、人間関係を拡げるために参加するというものです。

　スポーツ活動を通して、指導者や同じ競技をする仲間とのポジティブな体験を通して、仲間との楽しい交流ができることに喜びを覚え、スポーツを継続する動機へとつながっていくのです。

　三つめは、刺激を受けるためです。これは、スポーツやその楽しさの中にある身体的刺激を体験をするために参加するというものです。運動を終えたときの充実感や爽快感といった感覚的刺激など、日常生活では得られない刺激があ

ります。

　四つめに、自己コントロールのためです。自分を自分で管理し、コントロールできるという認識や感覚を求めてスポーツに参加するというものです。スポーツ活動に参加することで、平衡感覚、走力、敏捷性、筋力、瞬発力などの運動能力を鍛え、体重などのコントロールをして、自己管理をすることもできます。また、自己管理ができるという自信や満足感にもつながるのです。このように、スポーツ活動に参加する意義や理由は、多岐にわたります。指導者にとって重要なことは、その参加者個人にとっての、参加する意義・理由を個々に把握し、それらを尊重することが大切です。

2．スポーツコーチの役割

　スポーツコーチは、参加者に対して大きな影響力を持っている事を自覚しなければなりません。例えばあなたがテニスのコーチだとしたら、テニスの技術・戦術や関連情報を提供し指導するために、初級者から上級者に対応できる幅広い技術のコーチングを学び、情日々自己研鑽に励むことが大切です。コーチは、集団のリーダーとして、参加者が目標を決めて、継続しようとする「やる気・意欲」を喚起することが重要な役割です。参加者がスポーツ活動を通して何を得ることができるのかを明確に捉えておく必要があります。一般的に参加者の目的は、健康・体力の維持や増進、社会性や協調性の向上などが主なものですが、コーチは、参加者の不安やストレスを取り除き、スポーツ活動を通して、仲間が増えていく喜びや運動後の爽快感を体験させることによって、自尊心や自信を促し、競技を継続しようとする意欲を喚起させていかなければなりません。また、コーチは、組織のオーガナイザーとして、スポーツ活動に取り組めるために、安全管理に細心の注意を払わなければなりません。参加者の安全を考えて施設・設備・用具の確認や練習計画・準備を行うことは、指導者としての義務です。さらに医学的、心理的・社会的側面の個別性を認識するこ

とも重要になります。

3．コミュニケーション

（1）コミュニケーションの重要性

　コミュニケーション能力は、スポーツに限らず、どの組織、チーム、個人にとっても成功への鍵となります（Yukelson, 1998）。指導者がどんなに素晴らし知識や指導理論を持っていても、選手との信頼関係を築き、よいコミュニケーションがとれないと、せっかくの知識や経験も水の泡となってしまいます。「人間関係のあり方次第で、そこに生じてくる現象そのものも変わってくる」（河合、1995）からです。つまり、広い視野で考えると、コミュニケーションとは、ただ単に話したり聞くことだけにとどまらず、人とのつながりや、人間関係を意味のあるものにすることなのです（Yulkeson, 1998）。

　スポーツにおける良いコミュニケーションは、具体的にどのような影響があるのでしょう。まず、的確なコミュニケーションがとれるということは、新しい技術や戦略を効果的に伝えることができます。また、選手のモチベーションや集中力を向上させ、自信をつける上でも役立ちます。個人やチームの明確な目標を設定したり、指導者自身や選手の中でもリーダーシップスキルを向上させるのにコミュニケーションは大切な役割を担っているのです（Vealey, 2005）。つまり、指導者が優れたコミュニケーションスキルを持っているということは、選手の心に安心感と充実感を与え、選手の態度、感情、行動、また競技における成績にもポジティブな影響をもたらすのです（Burke, 2005）。

（2）コミュニケーションの定義

　Dance と Larson（1976）によればコミュニケーションの定義は126種類もの多義に渡っている事が分かりました。ここでは、スポーツ心理学の分野で多く使われている「コミュニケーションとは、相手を理解し、自分を理解される過

程」(Anderson, 1959) という定義を用いることにします。

　コミュニケーションは、多くの知覚経路を使ってメッセージの伝達、受信（エンコーディング）、解釈（デコーディング）がなされています（Harris & Harris, 1984）。Vealey (2005) はコミュニケーションの構造を下記の図のように示しました。コミュニケーションは、ただ単に一人が他の人に何かを言うという単純なものではなく、思考をめぐらせ、それをメッセージに変え、そのメッセージを送るという複雑な過程を要します。その過程は、伝えられたメッセージを受信し、それを解釈して反応し、その行動を見てまた新たな思考をめぐらすという過程が永遠に続きます。(Vealey)

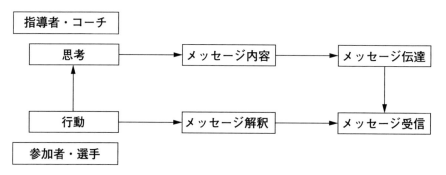

図03_01　Vealey From 2005.

(3) コミュニケーションの方法

　私たちは、様々な方法でコミュニケーションをとります。例えば、インターパーソナルでは、一対一やグループでのコミュニケーションを、イントラパーソナルでは、自分の中で自身とのコミュニケーションを（セルフトークなど）とります。また、本や、図表、プリントなどを使って書いたり、観察学習や、写真、ビデオ分析などを用いて視覚を使ったりします (Yukelson, 1998)。私達は、日常で視覚と聴覚がコミュニケーションをとる上でとても重要な役割を担っているのですが、視覚障がいを持つ方たちとコミュニケーションをとる場

合、視覚に訴えずに、聴覚はもちろん、触覚、嗅覚、感覚などを通してコミュニケーションをはかることになります。

(4) メッセージの受信に影響する主な要因

普段、友人や家族と会話をしているときになぜか伝えたいこととは違う捉えられ方をしたり、逆に、自分が言われたことに対して、そのときによって違う受け止め方をした経験があるのではないでしょうか。同じ内容のメッセージを受け取る際に、様々な要因がその受信内容に影響してくることがわかっています。Yukelson (1998) は、主に3つの要因を挙げました。

一つめは、人間には、近くを使って情報を受け取るキャパシティが限られているということです。情報を受け取る過程において、自分に必要でないと判断した情報やメッセージを取り除き、一定量の情報だけ取り入れる能力のことを、セレクティブ・アテンション (Norman, 1976) と言います。これらは、知覚的や心理的な要素が働いてメッセージや情報を選択して自分の中に取り入れていくのです。

二つめは、人と状況の両方が、人間間のコミュニケーションの動的過程に影響するというものです。私達の価値観や信念、態度、性格、自尊感情などが様々な状況や環境（時間、場所、なぜその人とコミュニケーションをとっているのかというそもそもの理由など）と相まってメッセージの受け取り方に影響がでてきます。また、他にも、相手との人間関係（信頼レベル、共有している歴史、パワーやコントロールできると思われるレベルなど）や、文化的背景（暗黙の了解のルールやとるべき行動など）などの個人差によってもメッセージの受け取り方に影響がでてきます。

三つめは、感情的なストレスがとても大きな影響をもたらします。私達が何を期待し、予想し、選択し、何に反応するのかが感情やストレスに左右されるからです (McCloskey, Larson, & Kanapp, 1971)。私達も、同じ内容でも、気分がいいときには、いいように捉え、気分がすぐれない、イライラしているときなどは、悪い方に捉える傾向があります。ですから、伝えられる情報やメッ

セージをどう受け止めるかは、自身の見解や、状況ストレス要因、また自身の感情状態に大きく影響されるのです（Yukelson, 1998）。

　指導者はこれらの要因を理解した上で、自分たちの送ったメッセージが意図したとおりに受け止められているかをいつも気にとめなければなりません。特に、視覚ハンディキャップテニスの指導者は、視覚に頼るノンバーバルコミュニケーション（言葉を使わないコミュニケーション方法）に制限がありますから、何を伝えるかと同じくらいどう伝えるか（声の大きさ、トーンなど）ということが重要であり、また十分注意しなければいけないところです。そしてまた、研究者は、ノンバーバルコミュニケーション（表情、姿勢、空間距離、アイコンタクトやボディランゲージなど）を利用せずに効果的なコミュニケーションをとる方法を追求していかなければなりません。

（5）コミュニケーションセオリー
　スポーツ分野においてコミュニケーションの基礎となる理論を確立するための研究は多くありませんので、Burke（2005）によって紹介された他の分野からスポーツに関係のありそうな3つのコミュニケーション理論を基本にしてみていくことにします。

　一つめは、Uncertainty reduction (UR) theory（Berger, 1986）といいます。この理論によると、私たちは、初対面の人と相対したとき、お互いに相手に感じる不確実性を減らそうと努力するというものです。相手がどういう人か全く知らないと、自分がどう対応するべきか迷い、コミュニケーションに不安を感じてしまいます。その不確実性を減らすために、人は最初に、相手の情報をなるべくたくさん得ようとするのです。相手の表情や背格好、何を着ていて、どういう話し方をするのか、何に興味があるのかなどの情報を得ることが人間関係を確立することが初歩段階になされるわけです。これは、スポーツにおいても重要なことですが、指導者が選手に会う初期の段階でしか、応用できません。視覚ハンディキャップテニスを指導する初めの段階で、なるべく多くの参加者と会話を持ち、自分が誰であるか、どういう人間なのかを知るための情

報を与え、少しでも自分に対する不安感を取り除いてあげることが重要なのです。また、指導者も、会話や交流を通して参加者の情報をたくさん得て、早く不安を取り除き、その参加者に合った応対、指導ができるように努力しましょう。

　二つめは、Predicted Outcome Value (POV) theory（Sunnafrank, 1986）といい、この理論は、特定の相手によって与えられると思われる利益と不利益に関する見解が人間関係に影響するというものです。つまり、相手に対して抱く利益と不利益を計算することで、相手を避けたり、躊躇したり、もしくは積極的にそれ以上の関係性を持とうとするなどの選択肢に影響がでてくるのです。もし、選手がコーチに対して人としてまた選手として自分に有益だと思ったら、コーチとの初期の関係構築において、積極的にさらに深い人間関係を築こうとするでしょう。また、そうでないと判断された場合は、人間関係構築にあまり積極的でなかったり避けられたりという行動にでる可能性があります。本来は、人を自分にとってのメリット・デメリットで判断することはモラル的に好ましくないのですが、人間の本能として少なからずこういった要素は持っているものです。視覚ハンディキャップテニスに参加する人の多くが、運動そのものもそうですが、人間関係にも期待して参加していることが推測され、また、指導者がそのよい人間関係（指導者―参加者、参加者―参加者など）を構築するために努力することで、参加者の継続性を高められるでしょうし、技術の備わってきた選手に対して、どんどん新しい技術をバラエティに富んだドリルを工夫して教えることで有益と判断されるかもしれません。感情的には難しいですが、指導者は、自分が参加者にとって利益とみなされているのか、それが参加者の自分に対する行動に反映されていないかも視野に入れてコミュニケーションを測ることも重要です。

　三つめは、Perceived understanding theory（Cahn, 1984）と言って、この理論によると、気持ちを理解してくれているか、理解されていないのかという個人的見解と感情に人間関係の構築が左右されるということです。例えば、もし指導者が選手理解していると思っていたら、選手は指導者に対して感情的

な親密さを覚え、より指導者との密接な人間関係を持つように努力するでしょう。しかし、指導者は選手の気持ちを理解していない、または自分のことを誤解していると判断した場合、選手は指導者とのコミュニケーションを最小限にとどめるでしょう。人を理解するということはとても難しいことですが、相手の立場や内面、視点を共感するような人間関係でなければ、相手に良かれと思ってとった行動でも必ずしもそうならないことがあります（市村、阪田、賀川、松田、2002）。指導者であれ、選手であれ、チームスタッフであれ、コミュニケーションにとって大事なことは、双方の共通理解なのです（Martens, 1987; Orlick, 1986）。

(6) コミュニケーションスキルの土台
　コミュニケーションを成功させる上で重要な技術は多岐にわたります。日本語を正しく発音し表現できる能力、単語を正しい順序に並べて話す能力、日本語の文法法則にのっとって意味のある発言になるよう単語を組み合わせる能力などは、構造的言語技術であり、これだけで言葉をうまく使いこなせているとは言えません（James & Stojanovik, 200）。
　コミュニケーションスキルを支える土台となる要素は、確実性（authenticity）と情動コンピテンス（emotional competence）だと言われています（ギラー、2001）。Vealey（2005）によると、確実性とは、自分が誰であるか、本当は自分がどういう人間であるかということを理解することです。まず、他人を理解する前に自分をみつめなおし、自己認識をすることが、コミュニケーションの土台となります。指導者になると、自分が良いと思うコーチや、成功を収めている監督の指導方法などを真似てみたりすることもあるでしょう。もちろん、良いところを吸収して、自分の指導力を磨くこともとても重要なことです。しかし、自分が憧れるまたはお手本（モデル）としたい指導者と同じ方法をとって全てうまくいったという経験はあるかもしれません。しかし大切な事は、その指導方法が自分にあっているかどうか見極めなければいけません。つまり、自分はどういう人間なのかを知ること、自己を確立することが始まり

なのです。ある大学のトップチームを指導するコーチがこんな事を言っています。「私はカリスマ性のあるリーダーに憧れます。だけど、私がその人たちと同じようにはできないし、できたとしてもそれは私ではなくなります。良いところは学ぶけれど、私なりの考え方、やり方を構築していかなければうまくいきません。」まず自分という人間を把握することがよいコミュニケーションをとるために必要不可欠なことです。

そして、確実性という言葉に含まれるのは、自分を知るだけでなく、その自分自身に対してまっすぐで正直であることです。自分に正直であり、そしてそれを他人に見せることができて初めて人と人との間に信頼関係が築かれます。例えば、指導者として、もし自分が間違いをおかしたら、コーチという立場を考えずに間違いを認め謝ることができるでしょうか。指導者もミスをおかすもので、それを認めて謝れることに対して選手は尊敬の念をいただきます。このように、自分がどんな人間かを知り、そしてその自分を正直に他人に見せることがよいコミュニケーターになる第一歩です。

もう一つのコミュニケーションの土台となる重要な要素は情動コンピテンスです。情動コンピテンスとは、心理的技術をどのくらいうまく機能させる能力を持っているかをさし、その能力に必要不可欠な要素として共感性があげられます（Vealey, 2005）。共感性とは、他の人がどう感じているのか、その感情がどのようにその人に影響しているかなどを知覚することによっておこる代理的な情動反応の事を指します。共感性がおこるには、まず、相手の情動内容を認め（情動の認知）、相手の立場に置かれた自分を想像することにより相手の情動を推論し（役割取得）、相手が有する情動状態を共有する（情動の共有）といった対人的な認知能力が要求されます（Vealey, 2005）。簡単にいうと、相手が言葉にしなくても何を思っているかを察する能力です。そして、どんなに感情移入がうまく、他人の視点を理解することができる人も、もし共感性に欠けていたら、それはまだコミュニケーション能力が未熟だということです。では、どうすれば、共感性を高められるのでしょうか。Vealeyによると、まず相手のことをよく知り、観察することです。その人の感情は言葉にしてい

ない態度、つまりノンバーバルな部分に反映されることが多く、そのヒントをキャッチすることがとても重要になります。また、共感するためには、自分がその感情を体験していなければできません。そこで自分の中にある感情を認知することも必要となってきます。共感する能力が高いと、人とのコミュニケーションを円滑に行い、そして相手も心を開いて防衛心がうすれていきます。私達は、無意識のうちに、人は自分の言うことをあまり本気で聞いてくれない、防衛本能が働くのが当たり前だと思っているのです。ですから、もしも私達が少しでも素直に意見を聞く姿勢を示し、相手が直面している問題に対して共感性を持って接すればおのずと両者の間に流れる緊張がほぐれて、コミュニケーションの過程がより円滑になります。

(7) 聴く力

自分がどんな人間か理解し、正直に自分を他人に伝えること、相手の気持ちに共感することがコミュニケーションの土台になります。次のステップとして、どのように相手の言わんとすることを聴くのかについて述べていきます。Steven Coveyは、著書「7つの習慣-成功には原則があった」の中で、「(コミュニケーションの中で大切なことは)最初に自分が理解すること、そして理解されること。」と記していますが、どういう意味でしょうか。コミュニケーションにおいて、人は自分のことをまず理解してもらおうという気持ちが働きます。しかし、まず相手のことを理解するために相手の話を聴くことが本来のコミュニケーションの形なのです。

Rosenfeld と Wilder (1990) によると、人は話しを聞くときに、3段階のレベルを使い分けているそうです。一番好ましいレベルをアクティブリスニングといい、これは、聞き手が話しての送るメッセージの内容や意図、メッセージに含まれる感情などを考えて耳を傾けている状態です。二つめのレベルをスーパーフィシャル(うわべ上の)、またはインアテンティブ(無頓着な)リスニングと言い、これは、話し手が意図することを解釈するために必要な情報を十分得たと思ったらすぐに集中を切り替える状態をさします。こういうときは、

聞き手は、大体の基本的なメッセージの意味は把握していますが、そのメッセージの中にある本来の意味や感情を捉えられない傾向があります。そして、もっとも好ましくない三つめのレベルをエレガントリスニングと言い、これは、人が言っていることより自分が言いたいことの方に興味が先攻する状態をさします。人が話しているときに、少し間があいたらすぐに会話に飛び込んで自分の話しをするというものです。Egan（1994）によれば、人が話しをするときには、自分の経験（何が起こったのか）、行動（何をしたのか）、感情（その出来事や行動に関しての感情）といった要素を含んで話します。ですから、この三つのリスニングレベルの中でアクティブリスニングが一番効果がある（Martens, 1987）と述べています。そして、このアクティブリスニングにさらに努力と集中力を要した形が、パワーリスニングといいます（Vealey, 2005）。

(8) 聴く力の妨げとなる要因

Vealey（2005）は、パワーリスニングのステップを述べる前に、その妨げとなる要因を6つあげたので紹介します。一つめは、マインドリーディングといい、これは、選手の言葉を集中して聞くよりも、選手が本当は何を思っているのか、何を考えているのかを先読みしようとすることです。このときに、どうしても自分の持っている相手に対する偏見が重なって正確な情報を聞き出せなくなってしまいます。もしも、コーチがこの選手は問題があると思っていたら、その選手が発する言葉の中の本来のメッセージを捉えることが難しくなるのです。

二つめは、フィルタリングです。これは、一つのメッセージに集中して聞くのではなく、20通りぐらいのことを同時に考えていることをさします。例えば、授業の中で、先生の話を半分ぐらい聞いていて、今日の晩御飯は何を食べようとか、週末のイベントは楽しみだとか、他の心配ごととか、色々同時に考えている人はたくさんいるのではないでしょうか？　このフィルタリングは誰にでもおこりうることですが、半分ぐらいの注意力で聞いたり、聞いているふりをしたり、同時にいくつものことを聞くことはパワーリスニングとは言えません。

三つめは、指導者がとくに陥りやすいもので、アドバイスをすることです。これは、選手が問題をかかえているとき、悩んでいるときなど、すぐに役立ちそうな提案をしたり、問題を解決しようとすることです。これは、指導者の大半が自分達の仕事として問題解決をしなければならないと思っているからです。選手の話を聞いている間に、頭の中で解決方法をめぐらせるということは、選手が言った重要な言葉を聞き逃している可能性があるということです。解決策をもらう前に、選手はコーチに自分の言っていることを聞いて欲しいという気持ちがあります。指導者がすぐにこうすればいい、ああすればいいとアドバイスをしてしまって、選手が「ああ、このコーチはきちんと聞いてくれない。」と判断すれば、選手は心を開いて話してこなくなりますし、ストレスもたまります。選手はただ単に自分の気持ちを聞いてほしい場合が多いので、選手が話をしているときは、100％聞く姿勢を持って集中して聞いたほうがよいときもあります。

　四つめは、アイデンティファイングといって、一般的な会話でもよくみられる傾向ですが、選手が体験や起こった出来事などを話しているときに、割って入って、「自分の時はこうだった。」と同じような体験を持ち出して自分が話をしてしまうことです。選手が話した状況をすぐに特定して、いつのまにか自分の話にすりかえることが一番、最低レベルのリスニングだということは先に述べました。選手が話す体験の多くをコーチはたくさん経験してきています。経験談を通して教えられることはもちろんたくさんあると思いますが、それを選手が話し終わる前にしてしまうことは、パワーリスニングとは言えません。

　五つめは、ビーイング・ライトといい、コーチが間違いだといわれることを極端に嫌うことです。こういうタイプの人は、自分が間違っていても、否定的な意見を受け入れることができません。防衛心が働いて、否定的な意見を受け入れるどころか、逆に非常にネガティブな感情が沸き起こってきて、パワーリスニングの妨げになることはもちろん、人間関係にも亀裂が生じてきます。こういう人は、自分に能力がないことをさらけだすことが怖くて、自分に自信がないという特徴があります。

6つめに、その延長として、自分が言われたことに対して議論をもちかけ、相手との議論に勝つために爆弾発言を投下したりすることで、リハーシングといいます。これらのパワーリスニングを妨げうる6つの要素は、基本的に人を理解しようとする前に、まずは自分が理解されたいと思う事から起こり、人間関係の中で多くの問題を起こしうるので注意しましょう。自分を知ることがコミュニケーションの土台になるわけですから、少し考える時間をとって、自分にパワーリスニングを妨げる習慣がないかどうか振り返ってみましょう。

(9) パワーリスニング

Vealey（2005）があげたパワーリスニングに必要な4つの項目（準備、参加、理解、反応）をみていきましょう。気をつけなければならないのは、パワーリスニングは、自分の時間を誰にでも使ってどんなことでも聞くということではありません。みなさんには、限られた時間しかありません。その中で、誰かに自分の大切な時間を精一杯の注意力を用いて費やすことを決めるのです。したがって、今必要ないと判断すれば、丁寧に断ってもかまいません。

一つめの準備とは、精神的に今から聞くという心の準備をすることです。指導者として、この参加者・選手とこの日にミーティングをする、または話す機会を持つと決めたら、ミーティングの前に、どんなに疲れていても、どんなにやることがあっても、その選手の言う事に集中するという意識を持つことです。そして、これは、ミーティングに限らず、スタッフとの打ち合わせや練習に臨む前なども共通して言えることです。人と相対する前に、「自分の感情をコントロールして、共感性を持ってのぞむぞ。」と自分に言い聞かせるのです。

二つめの参加とは、会話をしている最中は、話をしている人にすべての注意を傾け、集中して聞く姿勢を持ち、積極的なコミュニケーションをとることです。健常者同士の会話の中では、ボディランゲージも重要な要素をしめています。それは、自分が積極的に聞いているということを示すために、少し前のめりの姿勢をとり、腕や足を組んだりしないで、体を相手に向け、リラックスした体勢で聞くことがベストだからです。視覚障害の方と接するとき、もちろん

自分の体勢は見えていないかもしれませんが、注意深く相手の話を聞くという姿勢は同じことです。そして、話されている言葉や意味の追求をしていきます。また、相手に急いでしゃべらないといけないというプレッシャーを与えないように、間があくことを恐れずにいましょう。長い間（ま）も、考えを整理し、何を言われたのかを振り返るのに重要なのです。

三つめの理解とは、相手の立場にたち、相手がどのように感じ、どのように思っているかを理解することです。先程から述べてきましたが、人の話を理解するために重要な要素は共感性です。共感を示すために、「それは大変だね。」「それは嫌な思いをしたね。」とか「それは悲しかったね。」といった言葉をかけると、話し手はもっと自分のことを話すようになります。また、パワーリスニングを妨げる自分自身の持っている偏見を取り払い、言葉の裏にあるものをさぐるマインドリーディングをせず、本当に相手に心を開いた状態で話を聞くことが重要です。話しを聞いている時、自分の考えなどを一旦置いておくために、おすすめの方法は、「自分はこの話からなにを学べるのか」を考えることです。心を開いて聞くと、自分の考えや意見を変えるような新しい情報が入るかもしれないからです。そして理解するためにもう一つ大切なのは、話される内容のすべての情報をいったんシフトすることです。話し手は感情的になったり、要点がわからなくて内容が変わったり、時には自分が言っていた事と反対のことを言い出したりして、細かいところまですべて理解しようとしてもできないことが多いです。そこで重要なのは、キーとなる考えやメッセージのまん中にあるものを捉えることです。話し手の言葉で感情を表す事柄に着目すると、話している内容の根底にある本当のメッセージが理解できるようになります。そうすることで、話し手が話す内容のもっと深い大きな問題を汲み取れるようになれます。

四つめの反応（responding）は、話し手が語ったことに対しての反応の仕方です。パワーリスニングでは聞き手の推測は禁物です。話し手が話をくぎったり、質問してきた場合に、一旦自分が話し手の言ったことに対しての解釈が合っているかどうか確認してみるとよいでしょう。よくある反応としては、「あ

なたはがこういったのは、〇〇という意味ですか？」とか、「あなたが言っていることは〇〇というふうに受け止めたのですが……。」とか「他の言葉でいえば、〇〇ですね。」といいます。正確にメッセージをとらえるためにも、自分の理解が合っているか確かめる作業が必要です。そして、あなたが話し手に反応するときに、気をつけることは、その反応が否定的ではなく、サポーティブな言葉を使うことです。そして、もう一つの反応が、フィードバックです。先程述べたように、指導者が陥りやすい行為として、話し手が話終わらないうちに、アドバイスをすることです。ではいつどのタイミングでどれだけのフィードバックをすればよいのでしょうか。二通りあります。一つは、話のどこかで話し手が、あなたのアドバイスやどう考えるかなどを聞いてくるときがあります。そのときには、正直に答えてあげるといいでしょう。もう一つは、話し手が問題解決の道を自分で探し当てることができるように手助けすることです。答えを出してあげるのではなく、あくまで相手が自分で答えを見つけるようにしむけるわけです。自分が質問するときはなるべくどうしてそう思ったかなどを聞く事です。「みんなあなたのことをあなたがいうように悪く思ってないよ。」というのではなく、「あなたはどうしてそう思ったの？」と聞く事です。相手の解決法を相手自身に導きださせる目的で質問するということを忘れずに、自分が示す態度は相手を評価せず、または判断をくださずに接することが重要です。

(10) 伝える力
　自分のことを理解してもらう前に、相手の事を理解するということは人間関係のコミュニケーションでとても大事にしたいことです。そして次に自分を理解してもらうためにどうしたらよいかを考えます。指導者は相当量の情報を選手に伝えていかなければなりません。相手に上手に話しを伝える方法を見ていきましょう。ここでも、Vealey（2005）によるメッセージを伝える上で重要な四つの要素をあげていきます。
　一つめがProductive（生産性）です。心理的技術の中に、生産的思考という

のがあり、これは生産的コミュニケーションから生まれるものです。自分が発するメッセージには何かを生み出す要素が含まれているということです。まず、コミュニケーションに生産性を持たせるために、相手と接するときに自分の感情をコントロールしなければなりません。そして、チームやスポーツプログラムの中で、自分が相手に持ってほしいと願う態度、決意、信念を自分も持って相手とコミュニケーションをとることが必要です。日本の指導者はあまり口を出し過ぎるということはないでしょうが、オーバーコーチングといって、常に口出しすることは、生産的コミュニケーションとは言えません。必要でないことを言葉にする必要はないのです。また、陥り易いパターンは、メッセージを伝えるときに問題点や悲観的なシチュエーションばかりに集中しすぎるのもよくありません。もちろん、チームや個人の成長を促すために否定要素を含んだフィードバックをしたり、チームの成長を乱す選手を叱ったりすることも時には大事ですが、常に否定的でマイナス面ばかり指摘すると信頼を失います。みんな生産的思考を持った人間のまわりにいたいですよね？　常に問題をひきずってそれにばかり捕われる人よりもその問題をうけとめて、解決法や前に向って進むことに集中する人のほうがより生産的です。例えば選手が思い掛けないイージーミスをするとします。でも、コーチとしては、そのミスに固執するよりも、今、そして次にその選手がやるべきことを教えてあげるほうが生産的なのです。

　二つめにInformational（情報性）があり、これは、選手に送るメッセージは、高い情報性を含まなければならないということです。明確で端的な言葉を使って選手が学ばなければならない情報を提供すること。自分への自覚方法としては、「このメッセージは聞き手にとって何か価値のあるものだったか？」という質問を自分自身に投げかけることです。「すごい」「よくやった」というポジティブフィードバックはもちろん有益ですが、もっと効果的なのは、選手のプレーの中でどのような行動がどう良かったのかなど詳しい情報を含めるほうが効果的であるということがわかっています。技術を教えるにしても、フィードバックにしても必ずなにか情報を入れることを勧めます。

三つめがタイミングです。物事は、タイミングがすべてです。同じ事を伝えるにしても、タイミングによって効果が変わります。色々なタイミングの種類がありますが、まず、初めて会ったときの相手に与える印象に気をつけましょう。相手に自分の第一印象を与えるチャンスは最初の一回だけです。話す相手が誰であろうと、あなたのメッセージの中で最初の一分が一番重要なのです。はじめて指導する参加者に会うことがわかっているときには、最初に何を話すのかをよく考えて計画することはとても効果的です。また、メッセージは即座に送ることです。特にフィードバックをする上で、選手にすぐにその場で伝える方が上達を早めます。問題が起こったとき、または間違った行動を直したいときにも、練習後に指摘する時間を設ける指導者が多い傾向がありますが、それもなるべくその場で指摘したほうが、選手はすぐに直そうと努力できます。しかし、問題が起こって、自分が感情的になり、生産的にメッセージを伝えられないと判断したときは、少し間を置く必要もあるでしょう。このとき、相手の感情がどうであるか察知することが重要です。大事な試合を落とした直後は選手も興奮、落胆など様々な感情が入り交じっていて、生産的なパフォーマンスに関する話し合いは不可能なので、一日おいて話すほうがよいでしょう。こういうときは、人の話を聞いたり、批判を受け止める状態ではないので、いくら生産的なメッセージを用意しても全く効果がありません。そして最後に、リーダーシップの研究において、公共の場でほめたり、しかるのはプライベートで行うことがより効果的であることがわかりました。よくモチベーションをあげるために公の場で特定の選手を叱るコーチがいます。もちろん、そうやってやる気を奮い立たせることも有効なときがありますが、そのやる気は非常に短い時間しか保てません。また、公の場やプライベートで褒めるにしても叱るにしても、選手がそれによって学べる情報を提供することが前提にあって、その選手の人格を単に傷つける事を言ったりするのは目的に反しています。指導者は、常に自分が伝えるメッセージは有益かどうかを考える必要があるのです。
　四つめが、一貫性です。コミュニケーションにおいて、一貫性を保つことはとても重要です。気分や気まぐれによって自分のコミュニケーションパターン

が変化することは効果的なコミュニケーター、リーダーとは言えません。指導者として、選手に何を望んでいるかを明確にし、それを基に一貫したコミュニケーションをとる必要があります。指導者の指示が一貫していないと、選手は不安を覚え、混乱する上、チームのモラルも低下します。そして、その一貫したメッセージが自分の性格やコーチング哲学とも一貫してなければなりません（Wooten, 1992）。何が正しいことかを繰り返し伝えることで、選手が指導者の望む行動を理解し実行する確率があがるのです。次に、ダブルメッセージは選手を混乱させるので避けるべきです。例えば、Vealey（2005）があげた例で言えば、テニス選手に、「努力が足りないからダブルスには出さない」と自分がコーチとして決断をくだしたら、その選手に「あなたがいい選手だとは思っているけど、」とか、「本当はこういうことはしたくないけど」とか言うことは選手を混乱させ、コミュニケーションの妨げになります。はっきりと明確な決定情報を伝え、その理由も説明し、一貫したメッセージを送ることが重要です。

　五つめに、正直さがありますが、これは、相手に伝えるメッセージも正直にそのまま伝えるということです。日本人の性質として、言葉で表現しなくても、わかっているだろうという相手に頼った姿勢がありますが、正直に話すことは指導者としてとても大切なことです。また、本来伝えるべきメッセージをあんに隠して、メッセージの言葉にしない部分に本当のメッセージを含ませたりすることは相手の信頼を失う原因になります。先にも述べたように、何を伝えるかではなく、どう伝えるか、言葉のスピードやトーン、テンポ、大きさ、リズムなどで相手の受け止め方が違ってきます。伝えたいメッセージは直球で送りましょう。皮肉を言うことは何のメリットもありません。ダイレクトに正直にあなたの考えていることを相手に伝えましょう。

4．障がい者スポーツにおけるコミュニケーション

(1) 視覚ハンディキャップテニス（以下ブラインドテニス）プレイヤーとのコミュニケーション

　ここでは、ブラインドテニスを指導する上でのコミュニケーションについて考えてみます。これまで、わが国では、聴覚・視覚障がいを併せ持つ方々に対するコミュニケーションモデルの研究はあまりなされてきておりませんでした。しかしながら、近年、徐々に視覚障がい者を対象にした社会とのコミュニケーション方法・技術教授法などの研究が行われるようになってきましたが、まだまだ具体的なガイドラインは構築されていないのが状態です。ここでは、これまで発表されてきた関連性のある研究論文を読み解きながらを理解を深めていくことにします。まず、視覚というのは、大きく分けると最低三つの大切な情報を私達に与えてくれる役割をはたしているといわれています（Millar, 1994）。一つめに、大きな空間のレイアウトに関係する身体動作の場所を自身に教えるための情報。二つめは、自分の身体、動作、場所の最新の確認を継続的に行うことを可能にします。コーナーを曲がるときでも、視覚によって前方や後方を見ることができ、それによって現在の位置や目標点を他との関係から同時に考えることができるのです。三つめは、観測者からの距離で外側の壁との空間関係を正確にコード化していきます。もちろん、聴覚的キューも視覚的キューを助ける重要な役割を担っていますが、音源での情報は、継続的というよりも、瞬間的な傾向があります。ですから、空間に対して、自分の身体の位置、動作の場所を特定することに関して、視覚に比べると信頼性に劣るのです。ということは、視覚障がいのある人は、自分の動くイメージを把握することが容易ではないのです。ですから、指導者が、順次ナビゲーターとして、経路に沿った位置で音を使ったり触ったりしながら場所を教えていかなければなりません。

ブラインドテニスを指導する中で指導者が自覚しなければならないのは、コミュニケーションツールとして健常者の会話の55％を占めるノンバーバルコミュニケーションがその役割を果たさないということです。特に、フェイス・トゥー・フェイスのコミュニケーションにおいて、ジェスチャーが大事な役割を担っていると言う事が多くの研究で証明されてきました。しかし、視覚障害の方とコミュニケーションをとるときに、このジェスチャーはそれほど効力を持たなくなり、その効力は電話で話しているときと同じ程度になります（Sharkey & Asamoto, 2000)。視覚障がい者はコミュニケーションの時に、言葉のキューに頼りますが、顔を合わせた状態でのコミュニケーションの場合、指導者は参加者の状態は見えており、また参加者が使うジェスチャーもよみとります。しかし、ここで指導者が気をつけなければならないのは、目の見える人とそうでない人のジェスチャーの使い方は異なるということです（Fichten, Jdd, Tagalakis, Amsel, & Robillard, 1991; Kemp, 1980; Sharkey & Stafford, 1990)。ですから、目の見える指導者が、目の見えない参加者のジェスチャーを見て、参加者の意図するメッセージを誤解して解釈したり、ネガティブな見解を引き起こしたり、なかなかコミュニケーションが容易ではなくなってくるのです。SharkeyとAsamotoが両者がコミュニケーションをとれないと言っているのではなく、二人が同じようなコミュニケーションの規律・ルールを持っていないと同じジェスチャーが持つ意味が異なってくるので、誤解を生じやすく、マイナスの経験が積み重なってしまうので、指導者は気をつけなければならないのです。ここで、詳しくジェスチャーの種類やどの意味を述べることは避けますが、必ずしも、視覚障がい者が使うジェスチャーが目の見える人が普段使うそれと同じ意味を持つという見解が合っているとは言えないのです。

　また、ジェスチャーを使う頻度も、視覚障がい者と視覚健常者では、違いが見られました。IversonとGoldin-Meadow（1997）が行った研究では、教室から慣れた場所に移動するときの経路方向を説明するときに、視覚健常者の子供がジェスチャーを常に使っていたのに対して、視覚障がいのある子供達は、ほとんど、もしくは全くジェスチャーを使いませんでした。また、行きかたの説

明方法も、視覚健常者のそれよりも、もっと順序だてて区分わけされていました。例えば、視覚健常者が、腕をまっすぐ伸ばして、「ジムに着くまで廊下を真っ直ぐにいく」と説明するのに対して、「廊下を歩いて、ルーム102、104、106、108を通って、そうしたらジムへ着きます」ジェスチャーなしで答えました。同じような実験結果は、Brambring（1982）の大人を対象とした実験でも証明されています。McNeill（1992）によると、言葉は、もっと直線的で分析的なものであるのに対し、ジェスチャーはもっとグローバールで全体的な捉え方をするのです。ということは、指導者が距離感、方向性を教えるときに、ジェスチャーはいらないかもしれないということです。また、技術を教える上で、直線的で動作区分を細かく順序だてて言葉にして伝えなければなりません。まちがっても、「こそあど」言葉を使って混乱させるようなことはできません。

　残念ながら、先にも述べたように、ジェスチャーの使い方や意味なども含め、指導者が視覚障がいを持つ参加者に対してコミュニケーションをとっていくかという研究がまだ進んでいません。しかし、視覚ハンディキャップテニスを指導する、または普及活動を推進していく上で、指導者がどのように参加者や選手とコミュニケーションをとることが最善なのかを追求していくことはとても重要なことです。なぜならコミュニケーションは、参加者の動機づけや自信づけに大きな役割を担うからです。今後、さらに、現場と研究分野の双方が協力しあって勉強し、追求していかなければならないと考えています。

(2) 視覚障がい者の自己概念について

　スポーツ指導者は、自己概念の重要性を理解しなければなりません。自己概念とは、学術的に説明すると、性格や能力、身体的特徴などに関する自分の考えです（中島ら、1999）。そして、自己概念は自己観察や周囲の人たちからの自分に対する言動や態度、評価などを通して作られるものであると言われています（Vealey, 2005）。自己概念は、自分の過去や現在の経験を土台として、知識として形作られ、それを基に将来の行動や意識の有り方をも左右するもの

です。また、自己概念は、自分の行動や、モチベーション、人間関係などに大きく影響するのです。ですから、指導者が発する言動や行動は、競技参加者や選手の新たな知識として吸収され、自己概念の一部として形作られるということを認識しなければなりません。

　視覚障がい児・者は、晴眼者に比べて、全体を把握する視覚を使えない為に、経験の量・質共に圧倒的に少ないことが指摘されています。そして、中川ら（2001）は、そういった経験不足から、視覚障がい児・者は、「簡単に「できない」と思い込んだり、「できない」と口に出したりしてあきらめてしまうことがある」と警笛をならしています。つまり、「やったことがない」過去のために、「できない」という自己概念が形成されてしまっているのです。ですから、自分の運動能力に対するポジティブな自己概念を確立するには、指導者が、ブラインドテニスを通して、「できる」体験させることが重要になります。そのためには、指導者はまずブラインドテニスに参加する視覚障がい児・者に対してポジティブな言動や態度をとることが大切です。ある程度のレベルまで選手がいって、なにか刺激を与えないといけないときは別としても、ネガティブなことを言われ続けると、自己概念が下がり、「自分はできない人間だ」と思い込んでしまいます。指導者は、ポジティブな称賛の言葉を与えましょう。「……は駄目だね」というフィードバックより、「……はそれでいいよ。次は、もう少しこうすれば、きっともっと良くなるよ」などという指導が好ましいのです（2003）。そして、もう一つ重要なことは、パフォーマンスや才能がどうあれ、まずその競技参加者が自分は人として受け入れられていると実感できるような指導が求められます。これは、視覚障がい児・者であるかどうかは関係なく、スポーツ指導者にとって教える立場、教えられる立場という従順関係以前に、人間対人間だという認識が必要不可欠であるということです。参加者が、大切にされている、楽しいと思うように、指導者はどのような行動をとればいいでしょうか。そこに正解はなく、一概にこれがいい方法だというのはありませんが、例えば、参加者の名前を早く覚えて、名前を呼んで声をかけたり、背中をポンとたたいて励ましたり、握手や拍手を使った言葉以外のサポートも多

用したり、会話の中で、家族や他の趣味・興味などを聞いて、指導者の参加者へ対する人としての興味を示すことも大切です。

Column 03　自信とは

　これは私のところへ相談に来た、あるプロゴルファーの話です。「最近、なかなか勝てなくて…」「海外の大会へ挑戦したけれど、厚い壁に跳ね返されて帰ってきてしまった」と彼は言います。帰国して日本のトーナメントにも参戦しましたが、1戦目は予選をギリギリ通過、しかし本戦は最下位。2戦目は予選を通過できませんでした。そのとき彼は「やばいな」と感じたそうです。
　彼と私は付き合いが長く、彼から連絡がない期間も私はある程度どういう状況に彼がいるのかチェックしてきました。だから私は彼が帰国して再スタートをしたいという今こそ、彼が海外で積み重ねてきた経験を生かすための『振り返り』の作業が必要と考えました。彼をA選手と呼びます。私がまずA選手に尋ねたのは、試合に臨むときの気持ちでした。「妙に緊張する」「ものすごく不安になる」「ドキドキする」という答えが返ってきました。次に今年の目標は何ですか？と尋ねると「ツアーで3勝したい」「賞金王にもなりたい」と言いました。その目標の達成は今の状態ではむずかしいですか？　と尋ねると、「自信がない」と答えました。そして、ここからの会話がとても重要な意味を持つのですが、ではどうやったら自信はつくのですか？　と尋ねたところ、「試合で勝てば自信がつくと思う」と彼は答えたのです。勝てば自信がつく……？　今のA選手は勝てないで苦しんでいるのです。では、どうやって勝って自信をつけるというのでしょう。こうした振り返りの作業によってA選手が気づいたことは、今の自分の考え方では問題解決に結びつかないということでした。
　試合に勝てば、選手は大きな自信を得られるのは確かです。しかし自信は本来、試合の前に持っておくものであり、自信とは「これはやれる」という気持ちをいいます。このことを選手は勝てなくなるほど忘れがちで、勝てば自信になると思ってしまいます。
　A選手との心理スキルトレーニングの続きをご紹介しましょう。私はA選手に、オフシーズンにどのようなチャレンジをして今シーズンへ臨みましたか？

と尋ねました。するとＡ選手はなかなか答えず、本当に何もないのですか？　と尋ねると、しばらくしてこう言いました。「…自信になるようなことが考えられない…」。

　私はＡ選手に、過去の戦績をまとめた資料を見せています。かつてＡ選手はなかなか勝てなかった年があります。その年はギリギリでシード権をとりました。ところが翌年、Ａ選手はものすごくランキングを上げているのです。同じようにある年も、戦績がガクンと落ちたのですがそのあと急激にランキングを上げました。つまりその資料からわかったことは、自分の中に『波』が存在していることです。今の状態ばかり気にかけて、自分はダメダメだと思い込むより、こうした振り返りの作業によって自分を知ることでとても大事なものが見えてきます。どん底から這い上がったという実績があるということは、どん底を経験している今も、またあとで必ず這い上がれるという自信になるでしょう。私とＡ選手はこれをひとつ目の自信ととらえました。

　続けて、Ａ選手がこんなことを言いました。「そういえばアメリカで試合をしたとき、どんなに大叩きをしても最後の最後まで何が起こるかわからないと思ったことがある。そのときあきらめないようになった」と言いました。これをふたつ目の自信にしました。

　それから「パットが調子がいい」と言いました。これが３つ目の自信になります。そして「４日間プレーする自信もある。オフに体力的なトレーニングをやった」と言いました。これが４つ目の自信となりました。

　このように、振り返っていけばいくつもの自信を見つけられるのです。この自信を持って試合に挑むことが重要なことなのです。このときポイントとして、自信を見つける作業、そして見つけたあとは、そのことを何度も何度も声に出して言うことです。それも感情を込めて言うことが大切です。なぜならその方が「自分はこれができるようになったんだ」ということをしっかり確認と強化することができるからです。また、声に出すことによってネガティブな感情が入り込む隙がなくなります。

　自分の自信は何か、しっかり確認と強化して試合に挑まなければその効果は、十分に発揮されません。試合に勝つとか負けるとか、それらは結果であって、結果を達成するためには『どのようなアクションを起こし、行動していくか』ということを明確化することが大切です。それにより自分の行動がよい方向へ向いて

いきます。

第4章
実力を発揮するためのスポーツ心理学

　近年、スポーツ科学の分野において、スポーツ心理学が注目されるようになってきました。五輪をはじめ大きなプレッシャーのかかる世界レベルの競技会では、体力と技術そして強靭な精神力が必要となってきます。日々、トレーニングを積んできた優秀な選手たちが、直前に行われる国内競技会では好記録を出しメダル候補と言われながら、本番の大会では期待通りの活躍ができなかったという例はたくさんあります。逆に、大会ではほとんど期待されていなかったにもかかわらず、思いがけない好記録でメダルを獲得する選手がいることも事実です。有力選手が国内で出した記録も、無名の選手が大きな大会で出した記録も、その選手の実力を表しており、「偶然」や「奇跡」の入り込む余地はありません。そして両者の明暗を分けるのは、目標としている大会で持てる力を出し切れたかどうかという一点にかかっています。では、このような両者の違いはなぜ生じるのでしょうか。

　「このゲームを取れば優勝する」「ここで相手を抑えれば勝つことができる」そんな場面では、観戦している人も手に汗を握り、スポーツ選手には想像を絶するプレッシャーが襲いかかっているのです。冒頭にあげた例にとどまらず、ブルペンでは絶妙のコントロールで150km以上のボールを投げられるピッチャーや、練習では200km以上の弾丸サーブを正確に相手のコートに打ち込めるテニスプレーヤーが、試合になると思い通りのプレーができないというケースは少なくありません。また、それまで平然とプレーをしていた選手が、勝利を決定づけるここ一番という場面で、突如として調子を乱し別人のようになってしまうこともあるのです。このことは、体力的にも技術的にも申し分のない実力を持っていたとしても、最終的に持てる力を出し切れるかどうかにはそれ以外の要素が関わっていることを意味しています。体力、技術力以外の要

素、すなわち精神的側面は、言うまでもなくスポーツ選手のパフォーマンスを左右する大切な要素なのです。スポーツにおいて「平常心」、すなわち試合の際にも練習時と同じ心構えでいることの重要性がことさら強調されるのは、本番でそれを保つことがいかに難しいかを物語るものと言えます。このようなことを経験するのはスポーツ選手だけではない。万全な準備をして臨んだにもかかわらず、自信があったにもかかわらず、その場で舞い上がってしまう。いわゆる「あがり」は誰もが一度は経験していると思います。試験やレポートの発表などで、緊張して実力を半分も出し切れなかったという人もいるのではないでしょうか。こうした点を克服するためには、我々は何をすべきなのでしょうか。

　スポーツ選手にとって体力や技術力の強化が何よりも重要であることは言うまでもないが、これに加えて精神状態をいかにコントロールするかは、パフォーマンスに結びつく大切な要素なのである。そして、選手が「平常心」で試合に臨み、持てる力のすべてを発揮するために欠かせないのがスポーツ心理学を応用したトレーニングなのです。

1．スポーツメンタルトレーニング

　スポーツメンタルトレーニングは、「競技力向上を目的とした心理的スキル」の指導を中心とするサポート活動を指します。2002年、日本スポーツ心理学会はメンタルトレーニングを以下のように定義しました。「メンタルトレーニングとは、スポーツ選手や指導者が競技力向上のために必要な心理的スキルを獲得し、実際に活用できるようになることを目的とする、心理学やスポーツ心理学の理論と技法に基づく計画的で教育的な活動」である。ここではスポーツメンタルトレーニングについて解説していきます。

　あるテニスのコーチが試合場面を次のように表現しています。試合とは、緊急サイレンが鳴っている状態にいるようなものであり、緊急事態の連続であ

る。従って、こういった状態の中で、自分の実力を十分発揮するためには、体力と技術だけではなく、心理的なトレーニング（メンタルトレーニング）を十分積んでおくことが大切です。

（1）メンタルトレーニングの二つの方向性

　メンタルトレーニングには二つの方向性があります。一つめは運動（競技）前後における精神状態をコントロールするための心理スキル（対処法）を獲得するためのものです。例えば、呼吸法、リラクセーション法、目標設定法、サイキアップ、セルフトークなどです。

　二つめは、選手の人間的成長を援助することによって、勝負に対する考え方を熟知させ、欲や迷い恐れ不安などを軽減させる方法で具体的には、カウンセリングや認知療法、催眠、交流分析などの心理療法を応用しながら、物の見方・考え方・競技に対する挑戦の仕方の構築・再構築をしていく方向のトレーニングです。

　①自分の心理的特性を知る

　競技場面における自分の心の状態や心理的特性を知ることはメンタルトレーニングを進めていく上で重要な事です。「自分を知る」ことによって、いま自分が何をしなければいけないのかが明確になります。近年、オリンピックや国際大会に出場する選手に対して、国立スポーツ科学センター（JISS）の協力で、体力測定やメディカルチェックとともに心理的な検査も導入されて効果をあげているようです。我が国では、スポーツにおける精神力を測定するために、心理的競技能力診断検査（DIPCA3　Diagnostic Inventory of Psychological Competitive Ability for Athletes）が用いられています。この検査は、試合場面で実力を発揮をするために必要な心理的能力を測定することができるテストです。52の質問項目に対して、〈1〉ほとんどそうでない　〈2〉ときたまそうである　〈3〉ときどきそうである　〈4〉しばしばそうである　〈5〉いつもそうである　といった答えから該当するものを選択し〇をつけていくものです。所

要時間は約10〜15分であり、簡便で現場で使いやすい検査です。発行所は㈱トーヨーフィジカル　Tel：092-522-2922　1部：200円で販売しておりますので、興味のある方は直接連絡してください。

DIPCA.3で測定されるものは以下の通りです。

DIPCA3で測定される因子
1．競技意欲
2．精神の安定・集中
3．自信
4．作戦能力
5．協調性

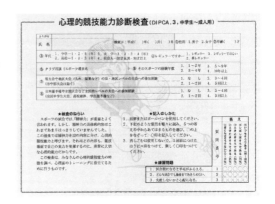

DIPCA.3で測定され尺度
1．競技意欲：
　1）忍耐力
　2）闘争心
　3）自己実現意欲
　4）勝利意欲
2．精神の安定・集中：
　5）自己コントロール能力
　6）リラックス能力
　7）集中力
3．自信：
　8）自信
　9）決断力
4．作戦能力：　10）予測力　11）判断力
5．協調性：　12）協調性　13) Lie Scale

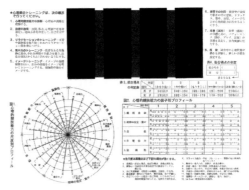

心理的競技能力診断検査（DIPCA.3）
（株）トーヨーフィジカル

② 心理テスト活用上の注意

心理テストの活用上の注意として、吉川（2002）は次のように述べています。

まず大切なのは、選手に評価を定着させないように配慮することです。つまり、心理テストの結果からラベリング（決めつけ）をしてはいけません。心理テストの結果を見て、この選手はこんな考え方をしているから、指導者がいくらアドバイスしても伸びないのだなどといった判断をしない事が大切です。このテストは、選手を理解し、一番良い接し方を探るために使用するものですから、指導者は、日常の選手の生活や行動を観察し、コミュニケーションをとりながら、指導中に得た情報と心理検査を合わせて総合評価してください。また、伸びない理由や試合で負けた原因を探って納得するために使用するものではなく、努力する方法を探るために使用することを知ってください。

それから、見せかけの反応に注意をすることも大切です。選手達は、質問に対しどのように答えると自分をよく見せることができるのかを無意識に考えてしまうことがあります。そのために、見せかけの反応が起こるということも十分に理解しておくことです。

たった一回の心理検査の結果で選手を評価・判断してしまうのではなく、複数回、定期的に実施して選手の経時的変化に対応した指導をするようにしてください。

また、心理検査の目的の説明および検査結果のフィードバックを行い、相互理解を進めるようにしてください。最後に、検査結果は選手の了解なくしてみだりに第三者に漏らさないこと。守秘義務があることを忘れないでください。

(2) メンタルトレーニングで実施する事項

① 目標設定

目標の設定は自分の目指す競技レベルや具体的な成績についての目標を明確にして、さらにそれらを一つ一つ達成していけるように順序立てていくことを目的としています。そして目標の実現に向けてやるべきことを明確にし、自覚

することが最終的な目標です。

② ピークパフォーマンス分析
　自分の心理的な能力がどれほどのものであるのか、もしくは自分が今どのような心理的状態にあるのか、を把握する方法です。また、試合のときの状態を知り、書き込み用紙や質問紙を使って振り返り、イメージトレーニングやイメージリハーサルに活用していきます。

③ リラクセーショントレーニング
　過度の緊張状態や競技に対する不安に対する対策スキルリラクセーショントレーニングは競技直前に起こる過緊張や競技不安を軽減するために、緊張感や不安感に対する感じやすさを低減するためのトレーニングです。具体的には、呼吸法や筋弛緩法などといったものがありますが、この練習は技術的な練習と同じようにできるだけ毎日行うことが大切です。

④ イメージトレーニング
　イメージトレーニングは練習や試合場面を想定してその視覚像や筋運動感覚などをできるだけリアルにイメージして、試技の流れや会場の雰囲気などをあらかじめシミュレーションして、競技中のあがりを少なくするための集中力を保つための方法である。
　イメージトレーニングはリラクセーショントレーニングと密接に関連しあっています。イメージトレーニングを行う時にはリラクセーションのテクニックを用いて、心身ともにリラックスした状態を作り出してからのほうが効果は高いとされています。

⑤ 心理的コンディショニング
　日常的に練習日誌は、心理的コンディショニングのひとつの方法である。この練習日誌を利用して、試合までに心理的状態をピークにもっていくための調

整法を習得します。また、なんとなく自覚してきた「気分の波」のようなものを図にして示すことで、こころの状態など「自分を知る」ことによって、今、自分が何をしなければいけないかが明確になります。

(3) パフォーマンスと緊張との関係

「オリンピックには魔物が住んでいる……」とよく言われますが、「魔物」とはいったい何でしょうか。オリンピックなどの大舞台では、心身に大きなプレッシャーがかかり、それはストレスとなって襲いかかって来ることは知られています。これまでの報告でも、大切な試合で緊張のあまり、手足が動かなくなって実力が発揮できなくなってしまった選手はたくさんいます。しかし、緊張するということは本当にいけないことなのでしょうか。緊張感のない、だらだらした試合では、高いパフォーマンスは発揮できないのではないでしょうか。それよりも適度な緊張の中で行われる試合のほうが、良い結果を生むのではないでしょうか。実は、最近、「緊張していたおかげで勝てた」と言う選手が多く、適度な緊張感は高いパフォーマンスを生み出すということがわかってきました。

緊張して興奮すると自律神経系が刺激され、交感神経が優位に働きます。その結果、副腎皮質からアドレナリンが分泌され、血圧、呼吸、心拍数などが増加して激しい運動に対応できる状態をつくりますが、過度に興奮すると、大脳で支配している神経支配系のメカニズムが乱れ始め自己統制できなくなるのです。このように適度な緊張状態は良いプレーをするためには欠かせないものであり、問題は過度の興奮状態に陥ったときである、ということが理解できるのではないでしょうか。

(4) メンタルトレーニングの具体的な進め方
① 目標設定

目標の設定は、自分の目指す競技レベルや具体的な成績についての目標を明確にして、さらにそれらを一つ一つ達成していけるように順序立てていくこと

を目的としています。そして目標の実現に向けてやるべきことを明確にし、自覚することが最終的な目標です。

　また、自分の目標を達成するためには、日々の練習に対してどのように取り組むかといった心構えはとても重要です。したがって、具体的な目標を心にイメージし、自分の目標を明確に設定することによって、それが体力トレーニングや技術練習を行うモチベーションとなり、集中力を持続させることが可能となります。目標を設定する場合の留意点としては、(1) 実現可能性が極めて高いもの (2) 練習によって達成が可能なもの (3) 最終的な目標と連動したものとして捉えることができるものでなくてはなりません。(1) だけの場合、その目標を達成した後にモチベーションを維持することは容易ではありません。また (3) だけであれば、目標達成が難しいためにモチベーションを失いやすくなります。達成できる可能性に応じた3段階の目標を設定することには、モチベーションを持続させ、常に自分をより高い目標に向かって努力させるという意味があります。また、目標設定には次の3原則があります。(第一原則) 現実的→目標のレベルが高すぎず低すぎない事。

　(第二原則) 具体的→「ただ頑張る」「必死にやる」「勝つぞ」といった漠然としたものではなく、具体的である事。(第三原則) 挑戦的→「自分のベストを尽くして頑張ればなんとか達成できそうなレベル」であること。

　目標の種類には大きく分類して2種類あります。1つめは、結果の目標です。「次の大会で金メダルを取る」「記録を3秒短縮する」など、試合の成績や結果を設定したものです。2つめは、プレー目標です。上記の成績や結果を出すために、どのようにすれば良いのかプロセスに着目したものです。この仕組みを十分理解して目標設定することによって目標達成の確率は飛躍的に向上するはずです。

　② ピークパフォーマンス分析
　自分が最高のパフォーマンスを発揮した際に、自分が行ってきたプロセスを明らかにすることは、ピークパフォーマンスを再現するために非常に重要で

す。試合前・中・後の自分がどのような心理的状態であったのか。試合前にはどのような練習をしてきたのか……など把握する方法です。書き込み用紙や質問紙を使って振り返り、イメージトレーニングやイメージリハーサルに活用していきます。

③ リラクセーショントレーニング
(a) リラクセーション法
　リラクセーショントレーニングは競技直前や試合中に起こる過緊張や競技不安を軽減するために、緊張感や不安感に対するトレーニングです。スポーツ選手にとって、リラックスした状態でプレーすることができるかどうかは、勝敗に結びつく大切な要素です。ただし、選手それぞれ最適な覚醒水準というものがあり、またスポーツの種類によっても技術を発揮するために適したレベルというものがあることを忘れないでください。リラックスしすぎても緊張しすぎても力を出すことはできません。適度な緊張状態を保ちつつ、リラックスしてプレーに臨めるかということが、高いパフォーマンスを発揮するために必要なことです。そのためには、過度な緊張やアガリを感じたとき、それに対処するためのリラックス方法を身につけておくことが不可欠です。適度にリラックスした状態をつくり出せるということは、自分の心理状態をコントロールし、持てる力を発揮することを意味します。そして、リラックスさせるための技術は練習によって習得することができるのです。具体的には、リラックスするための方法は、深呼吸、自己暗示、自律訓練法、漸進的筋肉弛緩法などがあります。
　a-1) 呼吸法
　「アガリ」や「緊張」を解きほぐす方法として、「深呼吸」が効果的であることはよく知られています。陸上競技の跳躍種目でのスタートや体操競技の演技開始の際に、選手が深呼吸をする光景を目にしたことがある人も多いでしょう。深呼吸はリラックスするためのもっとも身近で効果的な方法です。深呼吸を行うと、自律神経系の副交感神経が刺激され、心身がリラックスします。
　呼吸法の具体的な方法は以下の通りです。

1) 背筋を伸ばして椅子に座り、両腕の力を抜く。
2) 腹式呼吸で、鼻から自然に空気が入るように息を吸い、お腹が張ったところで呼吸を止める。
3) お腹がへこむまで口から少しずつ息を吐き出していく。この際、1回の呼吸にかける時間は20秒前後とし、連続して行いましょう。息を吐き出すときに緊張感も抜けていくイメージを描くことがポイントとなります。1日5～6分間行い、呼吸によって緊張が抜けていく感覚を身につけることで、緊張した場面で深呼吸をすることによって常にリラックスできるようになります。

a-2）漸進的筋弛緩法

　漸進的筋弛緩法は、一つの筋群を選び、その部位を5～10秒間できるだけ緊張させ、次に一気に弛緩させるというものです。筋肉が緊張しているときとリラックスしているときの違いを経験させることによって、わずかな筋肉の緊張を認識できるようになります。試合や競技中に、この方法を用いてわずかな筋肉の緊張を感じとることができるようになれば、その時点で緊張状態をほぐすことができるようになります。漸進的筋弛緩法は、主要な筋群のすべてについて行うことが望ましいとされています。

　具体的な方法は以下の通りです。

1) まず手を後方にできるだけ反らし、そのまま10秒間静止する。
2) 手首の関節に痛みを感じ、前腕に緊張を覚えた時点で、手首の力を一気に抜いてリラックスさせる。

　このような動作を繰り返すことによって、筋肉の緊張・弛緩状態の感覚の違いを把握することが可能となります。この方法を腕、肩、脚、足、大腿、背中、顔など全身の筋群について実施することによって、筋肉が緊張したときの微妙な感覚を感じられるようなり、試合中、筋肉を常にリラックスした状態にしておくことが可能となります。

a-3）自律訓練法（Das autogenes Training）

自律訓練法は、シュルツ博士（Johanes Heinrich Schultz, 1884-1970）によって考案されました。従来、心理療法の一つとして用いられてきたものですが、現在ではスポーツにおいて心身をリラックスさせるためのトレーニング法として利用されています。

具体的には、
1) 重たい感じの練習
2) 温かい感じの練習
3) 心臓（心拍数）の調整
4) 呼吸の調整
5) 腹部の練習（みぞおちの温かさを感じ取る）
6) 額が冷たい感じの練習

という順序で行われます。「重い感じ」は筋肉が弛緩していることを意味し、「温かい感じ」は心理的・生理的全体の弛緩を意味しています。自律訓練法は個人が主体的に自己啓発をしていく心のトレーニングであると同時に、自律神経系を媒介として行われるセルフコントロールです。一例として、ここでは重さを感じ取る練習を紹介します。

まず深呼吸をするときと同様に椅子に座り、腹式呼吸を行います。そして「気持ちがとても落ち着いている。右手が重い、右手が重い」と自分に語りかけます。このとき、無理に重さを感じ取ろうとしたり、そうなることを期待してはいけません。ただ暗示の言葉を頭の中で繰り返すのです。筋肉が緊張していては、心をリラックスさせることはできません。身体の重みを感じるとは脱力することを意味し、このことが心の緊張を解くための前提条件となるのです。右手だけでなく左手、両手、足、両手両足、全身についても重さを感じとる練習を行ってみてください。

a-4）その他のリラクセーション法

リラクセーションのための方法はこのほかにもあります。音楽を聴いたり、マインドフルネスを実施したり、ストレッチングなどもその一つです。筋肉を

しっかり引き伸ばすことによって、緊張状態を解きほぐしリラックスすることが可能となります。特にプレッシャーがかかっているときなどは首や背中などの緊張した筋肉をストレッチすることで、リラックス効果が得られます。また、同様にマッサージも筋肉の血行を促し、緊張を和らげるためには効果的です。

(5) イメージトレーニング

　イメージトレーニングは、練習や試合場面を想定してその視覚像や筋運動感覚などをできるだけリアルにイメージし、試技の流れや会場の雰囲気などをあらかじめシミュレーションすることで、競技中のアガリを少なくするための集中力を保つための方法です。

　イメージトレーニングはリラクセーショントレーニングと密接に関連し合っているので、イメージトレーニングを行う際はリラクセーションのテクニックを用いて、心身ともにリラックスした状態をつくり出してからのほうが効果は高いとされています。

① 外的イメージと内的イメージ

　さまざまなメンタルトレーニングの中で、イメージトレーニングは、もっともよく知られている手法です。スキー（アルペン種目）の選手が、レースのスタート前に眼を閉じ、魚の尾ひれのように手を動かしている姿を見たことはありませんか？　このとき選手は、これから滑るコースの旗門の位置や斜面などを再確認しながら、頭の中でレースを行っているのです。

　このようにイメージトレーニングで鮮明なイメージを頭の中で思い描くことによって、実際に運動を行っているかのように筋肉の感覚がよみがえり、力を入れるタイミングや強さを身につけることが可能となります。思い描くイメージの種類にはさまざまなものがあります。例えばテニスの場合、目を閉じてスイングをイメージする場合、トッププレーヤーの豪快なサービス、自分のフォアハンドストローク……。こうしたイメージは外的イメージと内的イメージの2つに分けることができます。外的イメージとは誰かがスイングしている様子

を見ているイメージであり、内的イメージとは自分が実際にスイングしているような感じのイメージです。前者はスイングを視覚的に理解したり理想的なスイングを頭に入れるのに役立ち、後者は筋肉の運動感覚などをトレーニングすることができます。怪我をして運動が十分できないときには、イメージトレーニングを活用することでリハビリから復帰後、思わぬ効果を得られたという報告がたくさんあります。

② 具体的なイメージを描く

イメージトレーニングで重要なのは、どれだけ具体的かつリアルにイメージできるかということです。イメージしたスイングがはっきりしていなければ十分なトレーニング効果を上げることはできません。もし目指すイメージが思い通りに描けない場合は、自分が描きやすいイメージを頭に思い浮かべることから始めることが大切です。その場合、イメージする内容はどのようなものでも構いません。レモンなどの果物をイメージしたり、自分のラケット、シューズ、ウエアなどをできるだけ具体的にイメージする練習を行うことがよいでしょう。これらが鮮明に描けるようになった段階でスイングなど動きをともなうイメージを描くようにしましょう。このような方法を用い、繰り返しトレーニングをすることで、イメージの想起能力は高めることができるようになります。

内的イメージがより具体的に描ければ、それぞれのプレーで使われる筋肉の運動感覚はよみがえりやすく、力を入れるタイミングや強さなどについても理解することができます。また、実際に身体を動かしているときと同様の感覚をイメージの中で体験することが可能となります。トレーニングを積み重ねることにより、イメージを描くだけで心拍数などに変化が現れるようになるのです。ただ漠然と「スイングを思い浮かべる」のではなく、「インパクトでグリップを握りしめる」「ボールが気持ちよく飛んでいく」などのように、実際に自分がボールを打っているときのさまざまな感覚を具体的に感じながらイメージトレーニングを行った方がより効果は大きくなります。

実際にイメージを描く際の留意点として、(1) 技術練習と組み合わせて行う、

(2)静かな場所で集中して行う、(3)短時間で行い、回数を多くする、といったことが挙げられます。

③ イメージトレーニングの応用
　イメージトレーニングは技術力の向上だけでなく心理的なプレッシャーを克服するための方法としても、もちろん利用することができます。このとき重要なのは、実際の試合の場面をできるだけ正確にシュミレーションするということです。そのためにはできるだけ多くの情報をイメージしなければなりません。イメージトレーニングを通じて、ミスを犯しそうな場面を思い描き、それを克服（コーピング）することも大切なことです。この場合、もし自分がミスなくプレーできるイメージを思い描くことができなければ、例えばトッププレーヤーの完璧な動作をイメージすることも効果的な方法となります。試合で自分の心理状態をコントロールするために思い描くイメージには、以下のような要素が含まれます。

・競技場の雰囲気（光景や音、観客席の様子、観衆のどよめきなど）
・試合に臨む前の感覚や手続き（本番を直前に控えたときの自身の気持ち、集中力を高めるために行っている自分なりの儀式など）
・試合で求められるさまざまな技術を完璧に行う自分の姿（パフォーマンス向上のために、サーブ、スイングなど、各競技に求められる具体的な技術）
・集中力を妨げる要素とそれを克服するための方法（観衆のヤジなど集中力に影響を与えるものと、それを無視するための自分なりの対処法）
・試合のポイントでリラックスしている自分の姿（試合を決めるような重要な場面で、冷静さを維持するためにリラックスさせる方法を実施している様子）
・ピンチを迎えた場面で用いるプレーや戦略を実行する自分（試合における危機的な状況で自分がどのようなプレーや戦略を用いることでそれに対処するか）など

(6) 心理的コンディショニング

日常的に練習日誌は、心理的コンディショニングの一つの方法である。この練習日誌を利用して、試合までに心理的状態をピークにもっていくための調整法を習得します。また、なんとなく自覚してきた「気分の波」のようなものを図にして示すことで、心の状態、つまり「自分を知る」ことによって、今、自分が何をしなければいけないかが明確になります。

Column 04　心理的ストローク理論

マイナスのストロークは可能性を押さえ込む

平昌オリンピック真っ最中ですが、リレハンメル・オリンピックのスピードスケートで銅メダルを獲得した堀井学さんは、専修大学のスピードスケート部出身です。彼は昨年、大学創立130周年の記念行事で、ゲスト講師として自身のスピードスケート人生を振り返ってくれました。ご存知の方も多いと思いますが、堀井さんはオリンピックのほか、ワールドカップ優勝や世界記録樹立などでスピードスケートの第一人者として活躍しました。しかし華々しい活躍の一方では、大きな期待と戦い、挫折も味わいました。新スケートの「スラップスケート」をものにできず、長野オリンピック、ソルトレーク・オリンピックで惨敗、その後、引退しました。そのときを振り返り、「日本中で僕のことを知っている人は、みんな負けた堀井学と思っているはず」と、これ以上ないと思うほどのネガティブな自分になっていたそうです。しかし今、堀井さんはそのスピードスケート人生を振り返って、成功することができたのはたくさんの応援があったからこそ、とりわけ両親とおじいちゃんに感謝したいと話しました。特におじいちゃんの存在が大きく、いつも堀井さんをポジティブな方向へと導いてくれたそうです。堀井さんが幼いとき、最初に出合ったスポーツは野球でした。そのときおじいちゃんは堀井さんにグローブを買ってくれ、そして「プロ野球選手になれ」と言ったそうです。「そんなの無理だ」と堀井さんが言うと、おじいちゃんは「お前ならできる」とプッシュしてくれたそうです。その後も、相撲大会に出れば「横綱に

なれ！」「お前ならできる」とプッシュし、そしてスピードスケートとの出合いもおじいちゃんがきっかけとなりました。小学校4年のとき、堀井さんが短いスケートで滑っているのを見て、それではダメだと長いスケートを買ってくれたと言います。そして「お前はオリンピック選手になれ」と言って、以降、ずっと励ましてくれたそうです。

堀井さんは何をやるにしても、いつも自分ではダメだ、ダメだと思っていたそうです。しかしおじいちゃんは違って、いつもできる、できると傍で言ってくれ、プラスのストロークを与え続けてくれました。それがあったから堀井さんはスピードスケートを続けることができ、頂点まで上り詰めることができたのだと感謝したのです。

心理学では「ラベリング」という言葉があります。堀井さんのおじいちゃんは、堀井さんにプラスのストロークを打ち続け、マイナスのストロークを押し付けませんでした。これが、すなわちラベリングで、堀井さんの成功の鍵だと思います。

多くの場合、ラベリングはネガティブに使われます。どんなふうtに使うかというと…私たちが心理テストを行うときに気をつけるのがテスト結果に対するコーチの理解です。その結果が選手のすべてではないということを十分理解してもらいます。決してやってはならない失敗が、「やっぱりA選手はメンタルが弱い」とか「やっぱりB選手はプレッシャーに弱い」というように、選手の可能性を押さえ込むような決め付け（ラベリング）です。心理テストの結果はあくまでも、自分を理解するための材料であり、ポジティブに使うべきもので、それがすべてではありません。

人には、不安を強く感じるという人と不安をさほど感じないという人がいます。不安を強く感じる人は、期待を自分で大きくしてしまう傾向があり、結果的にネガティブな感情を自分で作ります。その思考の仕組みを変える必要があります。

例えば、かつて敗戦した経験があるとき、時が経てば、敗戦から成長した自分がいるはすなのに、いつまでたってもずっと敗戦した自分を引きずっていることがあります。C選手には負けたから、今も負けるかもしれないと思うのがその例ですが、しかし、それは過去の話で、今の自分はその頃とは変わっているはずなのです。中には敗戦を生かすことなく、少しも成長していないという人がいるかもしれませんが、それは問題外で、多くは必ず成長しています。ですから今の自

分を理解すれば、負けるはずがないというポジティブな自分になることができます。それに気づくために役立つのが客観的なデータであり、心理テストだったりするのです。

第5章
筋力の生理的限界と心理的限界

　オリンピックなどの国際的な競技会で、まったく注目されていなかった選手が好成績を残すことがあります。こうした結果は、「番狂わせ」「奇跡」といった言葉で表現されることがありますが、スポーツの世界に奇跡というものは存在しません。冒頭にも触れたように、スポーツ選手といえども、「ない力は絶対に出すことはできない」のです。

　火事に遭って家から逃げ出すとき、普段ならとうてい持ち運ぶことができないような重いものを担いでいたという「火事場の馬鹿力」の例え話に象徴されるように、人間は時として自分の想像を超えた力を発揮することができると言われています。しかし、この場合も、それだけのものを持つことができる能力がもともと備わっていたということに他なりません。ここで考えなければならないのは、普段自分が出せると思っている力が果たして本人にとって限界であるかどうかという問題です。結論から言えば、人間は、持てる力のすべてを常に発揮しているわけではありません。実際、「これで精一杯、これ以上力を出すことはできない」と普段、自分で感じているレベルは、「心理的限界」と呼ばれており、さらに自分ではそれと意識していない「余力」と呼ぶべき「生理的限界」を誰もが備えているのです。では、なぜ心理的な限界を超えて力を発揮できるのでしょうか。それは危急存亡の状況下で、心理的な手枷足枷が取れたため、すなわち脱抑制の状態になり興奮レベルが高まったからだと考えることができます。このとき身体を科学的に分析すれば、筋力の発揮、バランスなど、動作に関係するすべての要素は理想的なものになっているはずです。

　最大筋力を2つの条件下で測定した報告があります。（矢部、1977）ひとつは、本人の随意的な最大努力での測定、もうひとつは電気刺激を用いての測定です。その結果、通常の状態では、自分では最大筋力を発揮しているつもりで

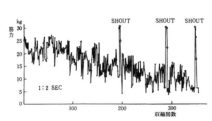

最大筋力を反復する際の shout（かけ声）の効果（猪飼と石井1961）

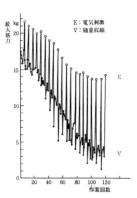

随意収縮と電気刺激による最大筋力の疲労曲線（猪飼と矢部，1967）

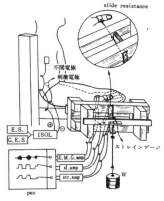

最大電気刺激によってヒトの母指内転筋に最大収縮を起こさせる実験（猪飼と矢部，1967）

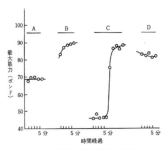

催眠による最大筋力の上昇
A：催眠前　B：催眠中　C：催眠後効果　D：覚醒時（猪飼とスタインハウス，1961）

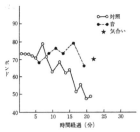

ピストル音と気合いによる最大筋力の上昇（猪飼とスタインハウス，1961）

筋力の生理的限界と心理的限界

も、大脳皮質からの抑制がかかっているために、本来もっている最大筋力値の3／4程度しか発揮できないことが明らかとなっています。随意的な最大努力下で発揮された値を、心理的限界とよび、筋肉そのものが持っている値を生理的限界と呼んでいます。

1．催眠がパフォーマンスに及ぼす影響

　もし、スポーツの場面で「心理的限界」を越え、「生理的限界」により近いレベルの力を発揮できれば、パフォーマンスや記録の向上が期待できるはずです。すなわち、無心、無我の境地になれるかどうかが勝敗や記録の鍵を握っているのです。もちろん、火事のような生命に危険が及ぶ状況とスポーツの場面は性質を異にするものですが、このようなことは決して不可能ではありません。実際、試合中に、指導者や選手自身が、「やればできる」「おまえ（自分）は負けない」といったポジティブな暗示を与えることで、思っていた以上の力を発揮することができ、好結果に結びつくことがあります。このような構造は、「火事場の馬鹿力」と共通していると言えます。テレビ中継などで、選手が自分自身に「活を入れている」光景を見たことがある人も多いのではないでしょうか。スポーツに限らず、何かを成し遂げようとするときにポジティブな姿勢を維持することはパフォーマンスを向上させるという点で非常に重要です。そして実験によってもこのことは明らかにされていますので以下にその内容を簡単に紹介することにします。

　この実験は、普段心理的な限界の範囲内で発揮されている力が、催眠暗示によって増大することがあるか、生理的な限界に近づくかを検証するもので、暗示の手法として催眠を用いています。心理学や生理学では、不安や恐怖心を取り除く、痛みを緩和する、セルフコントロールをするといったことを目的として催眠が利用されますが、これは、催眠によって選択的な注意集中をしやすくしてパフォーマンスの向上を目的としたものです。

実験は、健康な成人男子7人から成る被験者を椅子に座らせ、一体の負荷をかけて膝の屈伸運動を100回繰り返すという方法で、2つの条件のもとで行われました。すなわち、「脚の筋肉のパワーが向上する」「疲れない」というプラスの暗示を与えた場合と、普通の意識レベルの場合のそれぞれで、筋出力に違いが生じるかを比較いたしました。実験の結果、プラスの暗示を与えたときに7人中6人が普通の意識レベルに比べて明らかに筋出力の増加が認められました。その割合は19.5%にも及ぶもので、これはプラスの暗示を与えられたことによって神経系の興奮水準が高まり、抑制が解かれたために生じたものと考えられます。付け加えれば、変化が認められなかった1人は陸上競技（槍投げ）の選手であり、この選手は、心理的限界と生理的限界の差が小さいため、暗示を与えなくても筋出力のレベルは高く、条件の違いによる差異が認められなかったと考えられました。

　催眠の深さや増加する力の内容は被験者によって異なりますが、暗示による筋力向上は明らかであり、このことは心理的な状態とパフォーマンスが不可分に結びついていることを示しています。

　スポーツにおいても「火事場の馬鹿力」というものは確かに存在し、暗示によって自分で限界と思っている以上の力を発揮することは可能となります。持てる力を最大限出し切るためにも、試合や競技に「プラス思考」で臨むことは非常に重要なことなのです。

　また、「生理的に存在しない物質、生理的物質であっても量的に異常であったり、異常な方法で投与または使用した場合をドーピングという。また、心理的手段として催眠を行った場合も含む」。これは1963年にヨーロッパスポーツ評議会で採用されたドーピングの定義です。現在、ドーピングと言えば、筋肉増強剤や興奮剤をはじめとする薬物によって運動能力を高める方法として知られているが、暗示も不正な手段として認識された時期があったのである。薬物使用に対して催眠・暗示を客観的に証明することが難しいことから、その後はドーピングのリストから外されたが、このことは薬物のみならず、催眠や暗示もパフォーマンスの向上に影響を及ぼすものとして、かなり早い段階から注目

を集めていたことを示しています。

■ *Column 05* プレッシャーを乗り越えるために

プレーする意味を確認する　約束・責任（Commitment）

　2018年平昌冬季オリンピック・パラリンピックが開催されていますが、日本チームが大活躍できた要因は、選手、コーチそしてトレーナーがずっと一緒に過ごし苦労を共にしてきたことで、彼らの存在の大切さを感じ、チームが一丸となり、成果を残せたのではないかと思っています。

　テニスでも、ジュニアナショナルチームは、国内合宿を経てアジア、アメリカそしてヨーロッパ海外遠征に出発します。

　学生アスリート達も、大切な試合前には合宿練習をおこないますが、合宿は「気づきの場」だと考えています。寝食を共にすることによって、オンコートパフォーマンスの裏舞台を知ることができます。食事や睡眠などといった生活習慣は勿論のこと、物の考え方や見方がわかってきます。特に、普段の生活では知ることの出来ないチームメートやコーチの存在の重要性にも気づくきっかけになります。これはまさにゲシュタルト心理学の図と地との関係です。つまり、見えている部分は、全体の中の部分であり、背景によって浮き彫りにされている。つまり自分が存在しているのは周りの人がいるからであり、自分は何によって支えられているのかに「気づく」のです。

　先日、強豪イタリアーチームを迎えて、東北初（盛岡で開催）のデビスカップが開催されました。試合は、仙台出身の杉田選手を中心に、試合に出場することはありませんでしたが、ベテランの添田豪選手の存在がチームの力を最大限に発揮させました。歴史や伝統を背負いながらのプレー、ワールドグループ生き残りを賭けた戦い、周囲からの期待、そして挑戦……それぞれの思いが込められた試合を見ることが出来ました。追い込まれながらも、苦しみながらも、最後の最後まで正々堂々と全力で戦い抜く姿に感動しました。

　確かに、歴史や伝統そして周囲の過剰な期待は、選手にとっては大きなプレッシャーになります。しかし、大きなプレッシャーを乗り越えてこそ大きな達成感が生まれるのではないでしょうか。プレッシャーとはまるで火のようなもので

す。火は使い方を間違えると全てを焼き尽くしてしまいますが、使い方を工夫すれば、寒い冬には暖をとることもできれば美味しい料理を作ることができる素晴らしいものなのです。プレッシャーは大きなエネルギーだということを知ってください。それでは、プレッシャーを乗り越えるためにはどうしたらよいのでしょうか。それには、まずは、コミットメント（Commitment）することです。コミットメントとは、約束・責任を意味します。多くの人は、約束・責任という文字を見ただけでも逆にプレッシャーを感じてしまうかもしれません。しかし、本当は、「俺（私）は、相手が誰であろうと、どんな情況下であろうと、何があろうとやり貫くのだと」自分にも他人にも約束し、責任を持つことを意味します。

　自分のプレーは自分だけのものではないということを選手自身が知り、本当の意味での約束と責任を果たすことの大切さを実感した東北初のデビスカップ盛岡大会でした。

ルビンの杯（Ediger Rubin）によって1915年に紹介された。
図（見えるほう）と地（背景）の反転デモンストレーション

第6章
ブラインドテニス

　ブラインドテニスは、世界初、日本発の画期的なスポーツで、内部に音源のある特殊なスポンジボールを使い、音を頼りにプレーするスポーツです。ルールは、普通のテニスとほとんど同じであり、障害のある人もない人も、幼児からシニアまで誰にでも楽しめるユニバーサルなスポーツです。視覚障がい者のスポーツといえば、地面や床を転がすという2次元のものが一般的ですが、ブラインドテニスは空中にあるボールを打つという3次元のスポーツです。これまで、全盲の人にとって、テニスは不可能なスポーツであると言われてきましたが、それを可能にしたのが特別なボールの開発でした。このテニスは、日本でのプレー人口は約300人。2007年には、海外への普及活動も始まり、運動経験が不足しがちな視覚障がいのあるジュニアへも普及してきています。

(1) ブラインドテニスの魅力
　視覚に障害のある人にとって3次元のスポーツは憧れです。ラケットにボールが当たったときの、爽快感がこの大きな魅力です。コートがショートテニスの大きさであること、視覚障害の程度によって2または3バウンドまでに返球するところ以外は、普通のテニスと同じで晴眼にとってもなじみやすいスポーツです。

(2) ブラインドテニスの心理的効果
　コート外からの指示を受けずに自分の力だけでプレーするので、自立心が養え、テニスを通してたくさんの人と出会えることも大きな魅力となっています。

(3) 発案者　武井実良（みよし）氏のプロフィール

1968年、埼玉県東松山市生まれ。

1歳半で悪性腫瘍のために失明。

(4) ブラインドテニスの歴史

　1984年、埼玉県立盲学校の高等部普通科1年生だった武井氏は、「健常の人たちと一緒にできるスポーツはないか」と考えていた。体育の先生に相談し自作のボールでテニスをしてみました。はじめは野球セットに入っていたプラスチックのボールに盲人卓球の球に入っている小さい金属を入れていましたが、音はいいけれど弾みがたりませんでした。ガチャガチャのプラスチックのケー

スなども試してみました。ラケットは、木製の軟式テニスラケットのグリップを切って短くして使用しました。ボールは、1970年代にスウェーデンで開発された、スポンジボールを使ったショートテニスが、1980年代に佐藤、正木らによって日本に紹介されたのをきっかけで、1988年、武井さんは、そのスポンジボールを購入し、二つに切って中をくりぬき盲卓球のボールを入れてみたのが最初です。その後、国立身体障がい者リハビリテーションセンターに持って行き、改良を加え、その後、ルールなどが整備され「ブラインドテニス」が誕生いたしました。

(5) ブラインドテニスのルール

視覚に障害のある人にとって3次元のスポーツは憧れであり、特にラケットにボールが当たったときの、爽快感がこの大きな魅力です。

「行きます」「はい」で始まること、コートがショートテニスの大きさであること、視覚障害の程度によって2または3バウンドまでに返球するところ以外は、普通のテニスと殆ど同じルールですから、晴眼者にとってもなじみやすいスポーツです。

ブラインドテニスは、コート外からの指示を受けずに自分の力だけでプレーするので、プレーしながら自立心が養える事も大きな効果です。また、テニスを通してたくさんの人と出会えることも魅力となっています。「あきらめるのは簡単だ。あきらめる前に努力をしろ」は、武井さんに対して、埼玉県立盲学校でテニスの発案に協力してくれた体育教師の言葉です。

武井さんの現在の夢は、「このテニスを世界中の人に知ってもらいパラリンピック種目にすること！」です。

(6) ブラインドテニスで使用するもの
・コートは、ショートテニスやバドミントンと同じ大きさです。縦13.4m 横6.1m
・ラケットは、ジュニアの硬式ラケットまたは、ショートテニス用。22インチ（56cm）以下
・ネットはショートテニスのもの。両端が85cm、中央が80センチ。

・ボールは全盲が黄色。弱視は、黄色か黒。サーバーがチョイスすることができます。

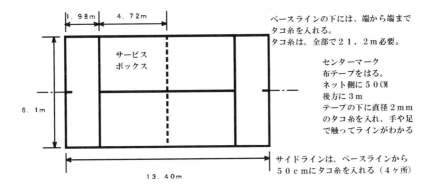

(7) 視力によるクラス

クラス	視機能分類・条件	有効バウンド数
B1	視力 0～明暗弁（アイマスク装着）	3バウンド以内
B2	視力 手動弁～0.03未満、視野 5度未満	2バウンド以内
B3	視力 0.03以上、視野 5度以上	2バウンド以内
オープン	視覚に障害がある者視機能は不問	1バウンド以内

(8) 日本ブラインドテニス連盟の活動

　ブラインドテニスは、視覚に障害のある子の心身の健全な発達に寄与できるスポーツです。

　空間を把握する力、音源を定位する力、自分の場所を知る力、移動する力、そして集中力や自立心も培われます

　視覚ハンディキャップテニスの普及には、たくさんの方の協力が必要です。

　興味、関心を持ってくださった方は、日本ブラインドテニス連盟（http://jbtf.jpn.org/）までお問い合わせください。

Column 06 アファーメーション　Affirmation：断言

記憶のメカニズム

　最近の脳科学研究はめざましく、人の感情や心の状態までもわかるようになってきました。このまま研究が順調に進めば、数年後には、脳の働きや構造そして思考のメカニズムがもっと詳細に分析されて、これまで心理学の分野で論議されてきたものが、一気に解明されるでしょう。

　さて、私は、学生時代から、物覚えが悪いうえに、一度覚えてもすぐ忘れるので、試験ではいつも泣かされてきました。そういった経験から、脳の働きのなかでも特に記憶のメカニズムについて興味を持っています。これまで集めてきた手元にある資料をみていくと、脳と記憶の関係の中で、もっとも素晴らしい機能は、「忘れる機能」を持っていることだということが分かってきました。もし、あなたが、これまで体験した良いこと、悪いこと全ての出来事を記憶しているとしたならどうでしょうか。精神的に大きなストレスになるのは間違いありません。忘れるからこそ覚えられて、苦しいストレスをも乗り越えることができるのだと思います。これは、パソコンのメモリー機能と似ています。

　メモリーが、ファイルで一杯になってしまえばそれ以上記憶することはできませんから、不必要なファイルを削除し、新たなファイルをメモリーに記憶させなければなりません。ところが人間の機能は、パソコンのメモリー機能と決定的に違うところがあるのです。それは、パソコンでは、自分が削除しない限り消えないわけですが、人間の記憶の機能は、覚えた出来事や知識に刺激を与えつづけていないと、自動的に消去されるようになっているのです。つまり、あまり使われない記憶は自然に消去され、記憶の棚にスペースができるシステムになっているのです。

目標達成のための「アファーメーション　Affirmation」

　三日坊主とはよくいったものです。実は、これこそが記憶のメカニズムの代表例であり、どんなに強い決意をしようとも、一度や二度では、こころが動かないことや行動が長続きしないことが分かってきました。たとえば、新年を迎えて、

書初めなどで決意を表明しますが、ほとんどの人は、書いたことで安心してしまいそれで終わりになっているのではないでしょうか。

　夢を実現するような人、何かを成し遂げる人は、まず自分が何をしたいのか、今、何をするのかがはっきりしているだけでなく、それを毎日毎日しつこいくらい確認し実行しています。それを、アファーメーション　Affirmationといいます。はっきりと言いきること。明言するという意味ですが、自分が、すること、やることを自分に対して何度も何度も繰り返し命令して確認しないと、心も体も動いてはくれません。私の周りにいるオリンピックや世界選手権で活躍してきた人たちを観察してみると、彼らに共通することとして、良い意味での「しつこさ」と「執念深さ」を持っています。毎日毎日、忘れる間もなく、自分の目標とやるべきことを話したり、書いたり、貼ったり……さまざまな方法で確認しながら日々精進しています。多分、一旦、目標が決まったら最後の最後まで執念深く、常に意識化させ行動することが成功の秘訣だということを知っているのでしょう。

　こうなりたい、ああなりたいという目標設定は、成功のための単なるファーストステップだということを理解してください。目標を達成するためには、気を許すことなく、達成するためには何をすべきか強く思うだけでなく、強く思い続け、行動しつづけることが大切なのです。

　それを強める方法としては、是非とも書く習慣を身つけてください。書くことにより、思考の作業だけにおわることなく、目で見て確認することができるからです。修造チャレンジでは、参加したジュニアに対して、必ずメモやノートを取らせることを義務付けていますが、その効果は絶大です。

　自分自身に対してアファームすることが成功のコツだといえそうです。

第7章
心の構造分析

1．交流分析　Transactional Analysis

　交流分析とは、エリック・バーン1950年後半から提唱し始めたひとつのパーソナリティー理論であり、個人が成長し、変化していくためのシステマティックな心理療法のひとつであると定義しています（国際TA協会）。

　交流分析とは、①構造分析②交流パターン分析③ゲーム分析④脚本分析からなっており、スポーツ選手にとって有用な理論だと考えられています。

　スポーツ選手は、試合や競技の中でさまざまな状況に置かれます。そして、そのときどきに自分が置かれている状況や精神状態を客観的に把握できるかどうかは、パフォーマンスを左右する重要なポイントとなります。また、場合によっては、本質的に自分自身を変えなければならないこともあるのです。そのためには、まず自分自身に「気づくこと」「知ること」が大切です。そのために用いられる方法のひとつに「交流分析」があります。

　元来、交流分析は、自己発見や人間理解、よりよい対人関係を築くための手法であるが、スポーツの場面で自分に気づき、自我をコントロールすることによって、精神的な側面を強化しようとする狙いがあります。

2．3つの自我状態

　交流分析の基本となるのは、人間にはそれぞれ自分の内側に以下に示すような3つの私を持っているという考え方です。これは自我状態と呼ばれるもの

で、3つの自我状態はさらに細かく分類することができ、それぞれ感情や思考、行動様式に独自の特徴が見られます。

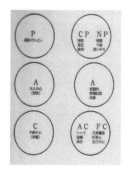

図　自我状態モデル

(1) 親的な自我（Parent＝P）

親や保護者的な人間から取り入れた考え方や感じ方、行動をするときの自分。他人を叱ったり、世話をやくような状態がこれに相当する。批判的な親（クリティカルペアレント）と保護的な親（ナーチャーリングペアレント）に分類することができる。

①支配的な親（Critical Parent = CP）

言動に責任をもって行動します。倫理や道徳などを厳守してしっかり仕事を行う反面、非難や批判をしたり、叱りつけるような態度を見せることがあります。他人に対して一定の価値観を押しつけるような言動が見られ、他人のチャイルドの部分を脅迫するような行動をとるなど自信過剰な側面も特徴的である。ことさらに仲間のミスを指摘するなど、ときとしてこの部分の自我は、チームワークが必要なスポーツでは時としてマイナスに作用することがあるります。

②養育的な親（Nurturing Parent = NP）
　母親的なペアレント。同情的で保護的、養育的といった特徴があり、援助を必要としている他人の面倒を積極的にみたり、後輩の世話をするといった機能です。このタイプの自我は、人間関係をスムーズに保つために不可欠なものであり、チームスポーツなどでは、チームをまとめるために重要な役割を果たす。

(2) 大人的な自我（Adult = A）
　現実を客観的かつ冷静に評価するために自律的に働くときの自分。自分の状況を論理的に説明している状態がこれに相当します。適切な行動をするために熟考し、可能性や結果について推定するために、過去に得た知識や経験に照らして評価したり修正を行う機能です。いわば理性的な自我ともいうべきもので、感情的で本能的なチャイルドの部分や偏見のあるアダルトの部分に影響されなければ、両者をうまくコントロールすることができます。スポーツ選手にとって、試合や競技などで自我をコントロールし、置かれている立場を客観的に判断するためには、アダルトの部分が非常に重要だと考えられます。

(3) 幼児的な自我（Child = C）
　子供の頃と同じような考え方、感じ方、行動をするときの自分。対人関係において甘えが見られます。ある出来事に対してやじ馬的な態度をとり、騒ぐような状態がこれに相当します。生得的に備わっている想像力や直感力の働きも、この自我に関係しています。幼児的な自我は、さらに自由な子供（フリーチャイルド＝FC）と順応した子供（アダプテッドチャイルド＝AC）に分類することができます。

①自由ほんぽうな子供（Free Child = FC）
　親のしつけの影響を受けず、生まれたままの自然な姿の自分を意味します。考え方や行動様式は本能的、自己中心的、積極的で、好奇心や創造力に富んだ

状態です。この部分が強すぎると、自分をコントロールすることができなくなる場合があります。スポーツ選手にとっては過度な自己肯定や自信につながり、パフォーマンスの妨げとなることもあるのです。

　②順応した子供（Adapted Child = AC）
　成長の過程で親のしつけなどの影響を受けている自分。対人関係をスムーズにするための技術は身につけているのですが、フリーチャイルドの部分を犠牲にして本心を隠したり劣等感を抱き、現実を回避するといったマイナス面も見られます。スポーツ選手の場合、この部分が強く現れると、監督やコーチの言いなりになる、委縮する、否定的な態度や考え方に陥りやすく、このことが実力を出すためには障壁となることもあります。

　上記に述べたようにわれわれの中には３つの自我が内在し、それぞれFC、AC、A、CP、NPという５つの状態が、さまざまな状況に応じて現れてきます。こうした自我状態を知る手がかりとなるものとして、言語的表現、行動的表現、対人交流の姿、自身の生活史に関連した言動があり、これらの４つの点を通じて自分や他人がどのような自我状態にあるかを知ることができるのです。そして、交流分析ではそれぞれどのような自我のパターンが現れているかをしっかりと自覚し、さまざまな場面でそれをコントロールできるように訓練していくことが目的となっています。

３．エゴグラムを用いた評価

　（１）エゴグラムを用いた分析
　われわれの内部にあるFC、AC、A、CP、NPといった自我のパターンは、場面によってその現れ方も異なるし、そもそもそれぞれのパターンのいずれが強いかは個人個人によって偏っているものである。これはいわば性格の傾向で

あり、自分が何らかの刺激に対して最もよく現れる自我のパターンがある。自分にとって現れやすい自我を知ることは、自分自身に気づき、心理状態を客観的に把握するための前提となる。交流分析では、FC、AC、A、CP、NPに関する質問に答えることで、自分の心の状態を知ることができるエゴグラムというグラフが用いられます。

ここでは、著作権に抵触しない、芦原作成のＳＧＥグラムを紹介いたします。

エゴグラムのチェックリストには、それぞれのパターンにつき10の質問が用意されており、「はい（２点）」「どちらとも言えない（１点）」「いいえ（０点）」で答え、それを元に図のようにグラフ化することで自分のFC、AC、ACP、NPの強さの度合いを知ることができます。グラフより、自分がどのようなタイプの人間であるかを客観的に把握することが可能になり、自己を改善するための手がかりが得られます。

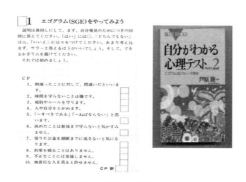

自己成長エゴグラム
（SGE）　　芦原　睦　1993

SGEプロフィール

（質問例）
FC〜嬉しいときや悲しいときに、顔や動作にすぐ表しますか。
AC〜無理をしてでも、他人からよく思われようと努めますか。
A〜何事も情報を集めて冷静に判断するほうですか。
CP〜あなたは規則を守ることに厳しいほうですか。
NP〜あなたは思いやりのあるほうだと思いますか。

　エゴグラムのチェックリストには、それぞれのパターンにつき10の質問が用意されており、「はい（2点）」「どちらとも言えない（1点）」「いいえ（0点）」で答え、それを元に下図のようにグラフ化することで自分のFC、AC、A、CP、NPの強さの度合いを知ることができる。グラフを作ることによって、自分がどのようなタイプの人間であるかを客観的に把握することが可能になり、自己を改善するための手がかりが得られるのである。もしAが低ければ、冷静に試合に臨むことが苦手ということになり、また、ACが高ければ、受け身の姿勢で試合に臨むといったことが考えられる。自分の性格について述べることは容易ではないが、このような指標を用いることによって、自分がどのような人間であるかを知ることができるようになる。そして、自分にとってパフォーマンスを向上させるために不足している部分が何であるかを理解し、改善に役立てることができます。

(2) エゴグラムのパターンと性格の傾向
①特徴的なエゴグラムのパターン紹介）
(a) 交流分析の基本的な考え方（哲学）
　交流分析の基本的な考え方は、人は全てOKであり、誰でも考える能力を持っている。そして、自分の運命は自分で決め、その決定は自分で変えることが可能なのだ……というものです。つまり、誰かから何とかしてもらう、何とかされた……のではなく、自分自身が考え、決断し、行動するのだということを意味しています。

(b) 4つの基本的な構え（ライフポジション）
　交流分析の創始者、E・バーンは人には4つの心理的な構えがあると述べています。それは自分が、自分自身および他人をどのように評価しているかで決定されます。

　1　I'mOK-You'rOK（自己肯定・他者肯定）
　2　I'mOK-You'rnotOK（自己肯定・他者否定）
　3　I'mnotOK-You'rOK（自己否定・他者肯定）
　4　I'mnotOK-You'rnotOK（自己・他者否定）

　I'mOK-You'rOKの構えの人は自己肯定および他者肯定的な考え方をします。自他共に尊重するので、他者および対社会的な友好関係が保て、共存・共栄そして協調が成立します。例えば、強力なライバルの存在が出現したとしても、決してネガティブには考えません。ライバルの存在を肯定的に受け止め解釈し、成長の糧としていきます。また、自分つかんだ成功を決して独り占めにせず、周囲の人々と分かち合うので良好な人間関係が保てます。
　I'mOK-You'rnotOKの構えの人は、自己肯定および他者否定的な考え方をする傾向があります。順調に事が進んでいるときは良いのですが、何か問題が生

じた場合には、その原因を自分以外の外部にあると考えてしまいます。例えば、試合で勝てないと、コーチが悪い、練習環境が悪い、天候が悪い……などと他人のせいにして自分の非を認めません。また、自分がつかんだ成功を独り占めにする傾向が強いので、協力者を失うことになります。いわゆる排斥および独善的傾向がみられます。

　I'mnotOK-You'rOKの構えの人は、自己否定および他者肯定的考え方をしてしまいます。自分に自信が持てないので、自分に非が無くとも、いつも謝ってばかりいます。例えば、大きなチャンスと遭遇しても、「自分にはできる筈がない、絶対無理だ……」などと消極的な思考に支配され、自分で挑戦すること無く、他人に譲ることになります。その結果、孤立や回避傾向に陥ります。

　I'mnotOK-You'rnotOKの構えの人は、自己・他者否定的考え方をしてしまうので、自他共に認めること無く、拒絶や絶望感に苛まれ自暴自棄に陥ってしまいます。

　以下、自分⇔他人、肯定⇔否定という４つの領域をつくった図を作成しましたので、自分はどのエリアに入るのか考えてみてください。

４つの構えの図

エゴグラムはそれぞれの個性を示すもので、そのパターンに優劣はない。また、年齢や生活状況によってもパターンは異なってくる。しかし、多くのエゴグラムを分析すると、いくつかの特色あるタイプに分類することができる。

〈N型〉
CPが低く、ACが高いタイプ。断ることができず、自己犠牲的に他人につくす人に見られる。自分を喜ばすことをしないため、内面で葛藤が生じやすい。

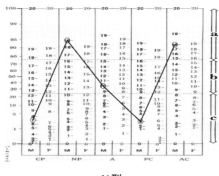

N型

〈逆N型〉

CPが高く、ACが低いタイプ。自己中心的で、他人を批判したり罰する傾向が見られる。頑固であるため、人間関係で問題を生じやすい。

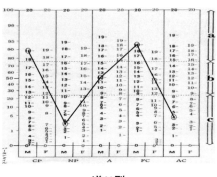

逆N型

〈W型〉

憂鬱な心理状態にあるときに現れやすく、自暴自棄的な行動をとることもある。几帳面で真面目な反面、優しさや楽しさに欠けるとこがある。

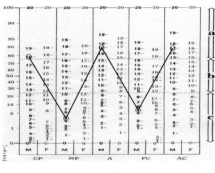

W型

第7章　心の構造分析　105

〈V型、U型〉

CPとACがともに高いタイプ。常にものごとに対して批判的でありながら、自己主張ができず葛藤状態にある。二面性を示す場合もある。

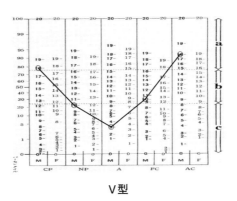

V型

〈M型〉

NPとFCが高いタイプ。人間関係は良好で、適応力もある。ただし、CP、A、ACが低すぎる場合、問題行動が現れる傾向も認められる。

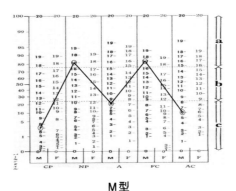

M型

〈右下がり型〉

CPが高く、NP、A、FC、ACの順に低くなるタイプ。責任感が強く、内面はしっかりしているが、ワンマンで支配的な傾向を示す。

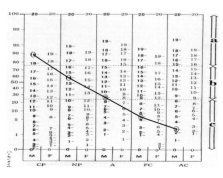

右下がり型

〈左下がり型〉

ACが高く、FC、A、NP、CPの順に低くなるタイプ。よい子に見えるが、主体性に欠け、甘える傾向が認められる。

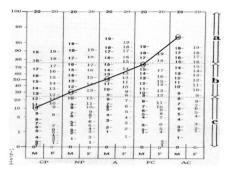

左下がり型

Column 07　競技価値観（one's sense of value と worth）

「たかが野球、されど野球」という名言を残したのは、名匠野村克也さんです。「たかが野球」と考えると、なぜ、あんなにもたくさんの人々が夢中になるのかが不思議になるわけですが、「されど野球」と考えたとき、選手の一挙手一投足に観衆も選手も大きな価値を見出し、手汗握り締め、大きな感動を共有することになります。テニスでも同じ事。「たかがテニス」と考えれば、ネットを挟んで、相手を動かすただのボールを打ち。ポイントを取ろうが失おうがどっちでもいいんじゃない……何でそんなに頑張るのか解らない？　ということになりますが、「されどテニス」と考えれば、「この一球は無二の一球なり」、選手も応援も一球、一打に熱く全身全霊をかけることになります。

何に価値を見出すのか

ネットオークションなどをみてみると、なぜ？　というものに高い値段がついている事がありますが、価値観が違えば同じものを見ても、ある人にはガラクタであったり、宝物であったりします。価値観は、物の見方、考え方、生き方を決めるフィルターだといわれています。

価値観とは、通常、物事を評価する際に基準とする何にどういう価値を認めるかという主観的、客観的な判断を指します。また、価値には、valueとworthとがあり、どちらも値打ち、重要性、有用性を表すものですが、前者はどちらかというと経済的な価値を示し、後者は精神的・道徳的な意味合いを含んでいます。

数年前、競技者（アスリート）の競技に対する価値観について調査した事があります。その結果、競技価値観は、意欲や精神の安定・集中およびプレーの仕方、取り組み方に大きな影響を及ぼしていることが分かりました。

ある女子選手の事例ですが、ジュニア期では、勝ちたいと思う気持ち（勝利志向性）が強すぎて、勝たなければ意味がない、負ければ何も残らないという考え方が基本にありました。その結果、負け始めると、途中で試合を投げてしまったり、暴言を吐いたり、自己コントロールができなくなってしまうことがしばしばありました。しかし、経験を重ね、競技や競技者としての意味と価値を知ることによって、競技価値観に意識に変化がみられ、パフォーマンスが向上していった

ケースがありました。
　2018年全豪オープンテニス男子決勝は、R．フェデラーが見事、M．チリッチを破って全豪6度目の優勝をを果たしました。フェデラーのプレーは、一貫して風格や威厳を感じさせてくれるものでしたが、試合終了後のインタビューでは涙を流しながら、喜びを表現しました。苦しみ、不安などから解放され、怪我からの復活や支えてくれた人々への想いが美しい涙となってあふれ出てきたようです。こうした人間的な魅力とテニスに対する価値観こそが、フェデラーのテニスを一層進化させていくのだと確信しました。全豪オープンテニス2018男子決勝を観ながら、プレーの内容と彼らの人間性に価値を見出し感動し、フェデラーはWinnerであり、チリッチはRunner-up、両者とも勝者だと確信しました。

第8章
実践研究

　イップスという魔物にとりつかれたら、どんなに一流選手だとしても引退に追い込まれるかもしれない……それほどにも自分をコントロールできない状態に陥るのがイップスです。しかも誰もが襲われる可能性があるのです。さて、イップスの正体をこの章で探ってみましょう。
　上達するために日々続ける練習。せっかく極めたスキルだったが、突然襲ってくるのがイップスです。心の病気だと思われた歴史は長いが、スポーツ科学、神経内科学によってその輪郭が見え始めてきました。

1．YIPS を解明する

（1）イップスとは

　イップスは、ゴルフのパッティング時によく起こるものと言われます。ドライバーで打つ際もよくあるようです。野球では、ピッチングや2塁手が1塁に軽く投げるときにオーバーしてしまうことがあります。テニスならトスが思った方向に上がらないというのが、イップスの代表的です。アーチェリーの場合では準備ができていないのに早打ちするとか、逆に手から矢が離れなくなったりする症状です。
　このように、イップスは多くの種目でその現象が存在します。イップスらしいものは元々日常にも多くありました。例えば、ライターズクランプと呼び、作家が文字を書いていると文字が突然右上に上がっていったり、急に手がガタガタ震えたりする。あるいは、ペンだと大丈夫だが、ボールペンを使うと出てしまうというケースもあります。他にも床屋さんがハサミを持つと手が勝手に

動いてしまうとか、タイピストがタイプを打つときに手が震えて打てなくなるとか、音楽家が楽器を演奏するときに手が思うように動かなくなるとか、手が鍵盤を避けるように動くといったことが挙げられます。

（2）テニスとイップス（YIPS）

あるテニス選手の例です。その選手の競技レベルは、国体や全日本学生に出場するレベル。精神面を自己分析すると、徹底的にやらないと気がすまないタイプで、常に完璧を求めていました。ちょっと気になると、練習を徹底的にしないと気が済まないといった選手でした。あるとき、団体戦で負けたくない相手と対戦することになり、それに向けて練習していたときのこと。同じ練習を繰り返し続けていると、"あそこに打つぞ"とボールを打つ瞬間、まさにラケットとボールが当たる瞬間に手首がクルリッと不自然に回転する状態になったと言います。その後、それが頻繁に出るようになり、試合でもチャンスボールが来たときに、ちょっとした間があると出てしまうようになりました。

フォアハンドだったので、腕が動かないように包帯を巻いてみる、あるいは石膏で固めてみる、といったことも試してみましたが、それでも動くのです。

あるとき、グリップを極端に変えてみたところ、全体的に窮屈な感じはあったものの、クルッと手首が回らなくなったと言います（A選手のイップス体験談から）。

まずイップスになったときに、一般的に「自分の精神が病んでいるのでは……」とか「打球技術がまだまだ未熟だから……」とか「不安や緊張が原因ではないか……」とか「練習の取り組み方が悪いのではないか」などと思ってしまう人が多いようです。その結果、もっともっと厳しいトレーニングが必要だと考え、練習量を大幅に増やし、その動きを正確にそして過剰に繰り返す努力してしまいがちです。しかし、そういった方法はイップスをますます悪化させるということが、最近の研究でわかってきました。

また、われわれのこれまでの研究からも、同じタイミングで単純に同じ動作を繰り返す練習が、イップスを悪化させることが判明したのです。

東京大学の工藤和俊先生は、『イップス（YIPS）と脳』：体育の科学　Vol. 58 No2 2008の中で以下のような興味深い資料を示しています。

その中で、手や指を使う職業、音楽家や作家などに見られるイップスと似た運動障害（職業性ジストニア）の研究で興味深いものがありました。図Aはイップスに似た症状（職業性ジストニア）を示すギタリストの指に触刺激を与えたときの大脳皮質感覚野の応答部位を示しています。

親指から小指までをD1～D5として示してありますが、ジストニアでない方は、それぞれの指が分離・独立していますが、ジストニアの人の指はD3～D5までが重なっています。何度も同じ動作を繰り返しているので、脳の中の使う場所が接近して働いてしまっているのです。だから、これを元に戻すための分離トレーニングが必要となるという訳です。

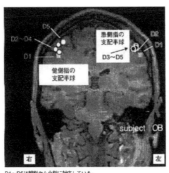

**職業ジストニアに伴う
感覚運動野の病的変化**
（Elbert, et al., 1998）

(3) イップスの特徴

日常生活や、さまざまなスポーツの場面で出現するように、「イップスへの招待状」はあらゆるところに転がっています。ここでは、その症状自体の特徴を挙げておきます。

① 巧緻運動の障害
精巧で緻密さを要求される行動・運動に障害がある。

② ケイレン、震顫（しんせん）性運動障害
筋肉の発作的な収縮の反復が主たる症状。

③ 片側性
右手だとできないが、左手では異常がないなど。よって、ゴルファーだと意図的にクロスハンドにすることもある。

④ 活動特異性
限定された障害、例えば字を書くときは出現するが、箸を使うなどといったそれ以外の行動では出現しない。

⑤ 道具的特異性
ある道具に限定される。サンドウェッジだと出現するが、アプローチウェッジだと出現しない。ペンでは出るが、ボールペンでは出ない。

⑥ 状況特異性
試合では出現するが練習だと出現しない。

⑦ 変遷性
持ち方などが次第に変化していく。しかも一般的な持ち方と大きくずれていく傾向になる（例えば、ラケットのグリップがどんどん厚くなり、ボールをラケットに当てるようになってきた、とか）。

2．ゴルフ界におけるイップス

　1930年代に、サム・スニードが「原因不明のイップス病原菌に冒されたパット不能症」と報告しています。突然、パットを打つ手がしびれたり、引きつり、もつれるようになったと言っています。そこで彼は、サイド・サドル打球法を編み出しました。それは自転車の横乗りの態勢ことで、体をカップの方向に向け、パターを体の横側に構え、自転車の横乗りのような形でパットしました。

　また、世界的プロゴルファーのベン・ホーガンは1956年の全米オープンで、90cmのパットを入れれば優勝という場面で外してしまい、それ以来短いパットができなくなったと言っています。ゴルフ界では、アーノルド・パーマー、ジャック・ニクラウスなど、多くのトッププレーヤーがイップスを経験しています。また、パットだけでなく、クラブヘッドが足の前を通過する瞬間にヘッドが止まり、動かなくなるというイップスもあります。

　これらの解決例としてはパットの場合、パターを重くしたり、通常より長いパターを使用したり、グリップをクロスハンドにしたりするといった方法があります。これらの解決策によって、新しい神経プログラムが動き出しイップスを防ぐのだと考えられます。

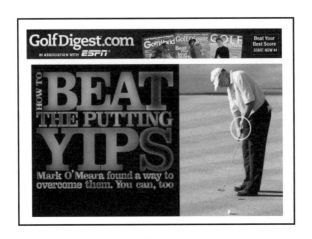

イップスの定義１.

「無意識的な筋活動の乱れで、ゴルファーに見られ、パッティング中に腕がケイレンするのが特徴、処理が非常に困難である。症状を緩和するために利き手側でないほうを使ったり、ポジションを変えたりするゴルファーもいれば、精神安定剤を服用するゴルファーもいる」（オックスフォード　スポーツ医科学辞典より）

イップスの定義２.

佐藤らはイップスを以下のように考えています。「スポーツの場面で起こる、無意識的な筋活動の乱れ。ある一定の時間をかけて学習され、熟練し自動化された運動スキルがなんらかの身体的、精神的な原因で自己制御できなくなる状態を呼ぶ」ここで言う熟練し自動化されたスキルとは、例えばベテランの料理人は、計測しなくてもキャベツを同じ細さに切り刻んだり、おにぎりを作るときに計量しなくてもまったく同じ形と量で握れるというようなことを示しており、スポーツの場面で言うならば、イップスは経験豊かな上級者に起こりやすいと考えたほうが良いと思います。

3．イップスの克服のために

　最終的に心理面からアプローチをする場合は、先ずは、身体感覚のチェックから始めていくのが良いでしょう。指導者においては、選手の置かれた環境（過度の期待が選手に対してプレッシャーとなっていないか……など）を含めてトータルに見て、物の考え方、見方を広げてあげるような工夫も必要です。

　例えば、トスをスムーズに上げることができない「トス・イップス」になった場合、通常のボールを使って、トスを何度も繰り返して上げる練習をしてはいけません。2kgか3kgのダンベルや重い鉄球を使って練習することは効果的です。運動の感覚を変えることによって正しい運動プログラムを作動させるのです。

　最後に、これまで、イップス克服のために用いて効果的だったアイディアを提案いたします。

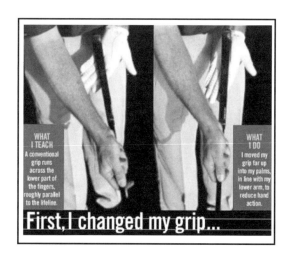

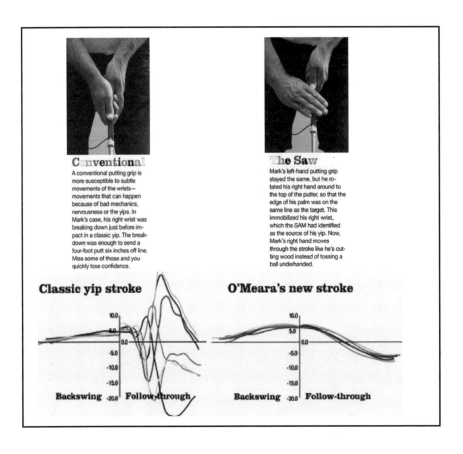

①　イップス症状の動作を意識してはいけない……と考えずに、すべき理想的な動きをイメージすること。

②　あえて悪い動きを意識的にやってみる。その時の体の動きや感じ、怖がっている感じを意識できるようにすることで、解決する糸口を見出すこと。

③　心身の過緊張や不安が認められる場合には、リラクセーションを目的とした心理的技法を用いる（呼吸法、筋弛緩法、自律訓練法、マインドフルネスなど）。

④ パフォーマンスルーティーン、プレショットルーティーンを行う。例えば、トスを上げる瞬間を意識するのではなく、準備動作の中から、運動開始の引き金になっている動作を見つけ出し意識すること。

⑤ 道具を変える方法

テニスの場合、ラケットの重量やストリングスのテンションを変えてみる。ラケットに錘を付けたり、ストリングスのテンションを調整してみる。トスを上げる手のリストバンドに重量感を変えるために鉛（10〜20g程度）を入れてやってみることによって、腕の筋感覚が変化する。ストロークでも同様。練習は、同じことを何回も繰り返すブロック練習ではなく、パターン化せず出すボールの強弱も変えるような、ランダム練習を多く取り入れて、10本のうち1本、5本のうち1本、3本……とやっていくと良いでしょう。

⑥ 心理面からアプローチするにしても、先ずは、身体を動かすことで身体感覚に刺激を与えること。

⑦ 指導者は選手の置かれた状況（過度の期待とプレッシャーとの関係）を含めてトータルに見て、物の考え方、見方を広げるような工夫をすること。

Column 08　スポーツ選手のためのライフスキル

正しい生活習慣を身につける

最近、大学生の行動に幼稚さを感じることが多くなりました。近年の子供たちの学力低下は社会的にも取り上げられている大きな問題ですが、しかしもっと重要だと思う問題は、"勉強の仕方がわからない"という基礎の未熟さにあるような気がします。専修大学でもこうした問題に対応するための指導のあり方について考えていますが、その中で『大学生の学びの道具箱』（専修大学出版委員会）

という小冊子が作成されました。学生に無料配布しているものですが、章立ては次のようになっています。

　プロローグ〜大学での勉強はこうなっている

　第一章〜話を聞き、ノートをとる

　第二章〜資料を集め、データを整理する

　第三章〜本を読む

　第四章〜論理的に考える

　第五章〜人と議論を重ねる

　第六章〜レポートを書く

　第七章〜プレゼンテーション

　ノートをとったり、人と議論を重ねたり、レポートを書いたり、プレゼンテーションをしたり…こうしたことは従来、小学校、中学校、高校という教育の中で段階的に培われ、大学に入ったときにはある程度できるものだったのですが、最近ではその学習ができていませから再教育しなければならなくなりました。大学は、基本的に社会へと巣立つための準備の場ですから、社会人になるためのトレーニングが必要不可欠なのです。

　この事は、学生アスリートにも同じことがいえそうです。近年、各大学ではスポーツ推薦入学を実施するところが多くなってきました。一般的に、このような学生選手達は、合宿や試合などで遠征することが多いので、勉学と競技との両立が課題となっています。実態調査をしてみると競技でドロップアウトしてしまう学生は、勉学や人間関係でも問題を抱えていることが分かってきました。一方、競技者として成功している人は、学業もそつなくこなし、勉学と競技との両立が出来ている傾向が見られました。それらの源は、規則正しい生活習慣にあるという結果がでています。

　成功するためには、「正しいライフスキル」が大きな武器になるのです。

　直井愛里氏が調査した『米国のライフスキルプログラムの紹介と日本の大学におけるライフスキルプログラムの発展』によれば、アメリカでは、「近年、スポーツ心理学会にパフォーマンスエクセレンスと個人のエクセレンスの追求という新しい哲学が現れてきた。この新しい焦点は、リーダーシップ、チームワーク、効果的な自己決定、熟考されたキャリアプランなど、アスリートが不得意としてい

る分野の育成を行い、つりあいをとることであり、これらのスキルはライフスキルと呼ばれ、人生で大切だと思われる心理的、感情的、個人的、社会的、道徳的、そして思考力の発展などを含む。そしてここ5年から10年の間、ライフスキルプログラムが大学などのスポーツで急増している」(Miller and Kerr, 2002)。と報告しています。さらに、アメリカの大学で積極的に行われているライフスキルプログラムとは、一週間に1回、50分くらいの授業で行われています。授業内容は、大学生活に大切なスキルの教育（例／各種届出の書き方、出し方など）、アルコール、薬物、デートレイプ、性病に関する教育、ストレスマネージメントやタイムマネージメントについての教育、学習方法、スポーツ栄養学、スポーツ心理学、引退後のキャリアといったものだそうです。

　これらはよく考えてみればわかるのですが、いずれも小さな頃からの生活環境の中で学ぶことでもあります。何が正しく、何がいけないか、大人になる過程で学ぶ、それがライフスキルに違いないのです。スポーツ選手は勝負の世界にいますが、しかし、勝つか負けるかふたつにひとつ…それしかない世界にいるわけではありません。それもライフスキルの上に積み上げられている世界であるということを知らなければなりません。学ぶということはすべてに通じることであり、積み上げられていくものであるということです。

　有名なテニス選手が現役時代の自分の栄養管理について話したことは、和食が好きであるということ、そして好きなものを好きなときに食べているということでした。その話を聞いていた栄養士さんは「きっと、お母さんの育て方が良かったんですね。お母さんは、アスリートとして必要なものを子供のうちから上手に食べさせていたから、それが生活習慣となって意識しなくてもしてきちんと食べるようになったのですね。」と言いました。これもすなわち食育としてのライフスキルです。今はコンビニに行けば何でもある時代。しかし、その中からスポーツ選手として本当に必要なものを、あるいは自分に足りない栄養素を選ぶことはできるでしょうか。そこが重要です。

第9章
アスリートのキャリアについて

1．キャリアデザイン（career-design）

　近年、スポーツ界では、アスリートのキャリアデザインに関する研究が注目されています。アスリートが、人生をかけて競技に取り組める時期は限られた短い時期であり、その後の人生をどのように生きていくかがとても大切です。キャリアデザインとは、自分自身が主体となった人生設計のことであり、自分の才能や能力および経験を職業（職務）にどのように活用していくためにとても重要なことです。プロアスリートには、遅かれ早かれ、現役引退の時期がやってきます。プロテニステニスの引退時年齢を調査してみると、平均して35歳前後ではないかと推察されます。現役引退後の職業をセカンドキャリア（second-career）と言い、一般的には、定年退職後の職業を意味します。因みに、テニスの松岡修造さんが、1998年に卒業（引退という言葉をあえて使用しなかった）という言葉で現役生活を締めくくったのは、30歳でした。その後、ＴＶキャスターをはじめとして、ジュニア育成および出版なども含めて活躍していることは周知の事実であり、現役生活から上手にキャリアトランジッション（career transition：職業移行、転換）して、セカンドキャリアにおいても成功している貴重なモデルケースだと思います。

2．デュアルキャリア（Dual-career）

　「デュアルキャリア」とは、人生のキャリアの中に、アスリートとしての

「キャリア」とアスリート引退後の「キャリア」を同時に進行させる概念です。これまでは、「競技者」としての人生を終えてから、さて、残されたその後の人生をいかに歩むべきなのかといった『セカンドキャリア』の研究がされてきました。しかし、実際に競技生活を終えてから、次の人生はどうしようか……？と考えているのでは、タイムラグが生じることが指摘され、これからの時代を生きるアスリートは、「人」としての人生を"歩みながら"「競技者」としての人生を歩むための『デュアルキャリア』という考え方が注目されてきました。詳細は、スポーツキャリア総合サイトを参照してください。
（https://www.jpnsport.go.jp/Portals/0/sport-career/about.html）

　よくよく考えれば、今さら取り立ててテーマにすることでもないような気がしますが、長年に渡って行われてきた、勝利至上主義や物事をマクロ視点で捉えられなくな状況下でのスポーツ指導の弊害が浮き彫りになってきた事が原因だと思われます。

　アスリートとして成功するためには、日々自分の心身の限界に挑戦し、忍耐強く自己をコントロールする生活をしていかなければなりません。肉体面や精神面、社会面、経済面などで、困難や課題に直面しながらもそれを乗り越えていく経験は、とても貴重なものであり、アスリートとして成功するための糧となるだけではなく、その後の人生にも十分活用できるものだということに気づいているアスリートは多くはないのが現状です。平成24年に策定されたスポーツ基本計画で「デュアルキャリア」の制度や支援体制を整備していく動きが国家レベルで始まりました。文武両道とは我が国に昔から言われてきた言葉です。人生100年時代を迎える世の中で、自分の長い人生をトータルで意識して活動していくことが大切です。

第9章 アスリートのキャリアについて　123

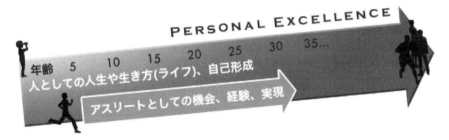

スポーツキャリア総合サイト引用
https://www.jpnsport.go.jp/Portals/0/sport-career/about.html

　競技人生後の人生を考えるセカンドキャリア、そして競技者としての人生と両輪として同時に考えるデュアルキャリアの考え方はとても重要な事だと思います。しかし私が考えるアスリートのキャリアは、『競技人生が終わったときのために、色々な学びをしよう』という、いわゆる「保険をかける」といった消極的な逃げの考えでも、また、競技で成功するためには、「競技一筋、勉強する暇があるなら練習しろ……余計な事など考えるな……」といった事でもありません。

　アスリートのキャリアを考える場合、『いつ気づき』、『どのような"教育"を受けるのか』かはとても大切です。"Never too late"は、私の座右の銘ですが、誤解を恐れずに言うと、高校や大学を卒業してアスリートとして競技生活を始めてからその問題について学ぶのでは遅すぎると感じています。人間には気がつくタイミングと言うものがあり、学ぶタイミングは人それぞれで、"遅すぎる"ことはないのですが、できるならば、物の見方・考え方が柔軟な中学校・高校時代に気づいてほしいものです。勝利を生み出すまでのプロセスや支えている側の喜びや苦労そして思いやりなども含めての学びの場として考える瞬間があればどうでしょうか？　アスリートとしての人生と合わせて、もしアスリートにならなければどうなっていたか、自らの人生に一番得意であるその競技がなければどうなっていたか…など、人生について考える場を設けることができたらどうでしょうか？　それは、決して失敗したときのためではありません。人生的な保険をかけているわけでもありません。物事や、人物が描く人生に対し

て多様性を持って考えるための厳しい"トレーニング"なのです。

　もし、教員免許や理学療法士等の国家資格免許を持つアスリートがいたならば、例えアスリートしてその競技で結果を残せなかったとしても、試合中に起きるアクシデントによって怪我をして引退をしたとしても、次に来たる人生の中を自らの力で切り開いていく力を既に持っていると言うことです。なおさらアスリート期に、より思い切った挑戦ができるのではないでしょうか。

　全豪オープンテニスの会場となるロッドレーバー・アリーナを想像してみてください。テニスのシングルスではコート上で躍動しているアスリートはたったの2人。しかし、その試合を応援や娯楽をかねて観戦しにきている約15,000人の観客やサポーターで満員。コート上の2人に対して、約7500倍の人々によってその一試合が支えられている事実に気がつくはずです。アスリートは自らがその競技の最先端に立ち、たくさんの人々の夢をコート上で"体現"しているからこそ、大衆に夢や感動を与えることができ、観ている側も競技を動かしている気持ちになります。しかし、そういった現実を定量化してみると、競技は観客やサポーターと言われるコート外の多くの人々がチケットを購入したり招待されたりし、観戦に来ることによってスポーツビジネスとして成り立っていることに気がつくのです。それがサッカーであれば、ピッチ上のアスリート22人に対して63,700人…2895倍もの人数によって支えられていることになります。もし、無観客であれば、その試合にどんなトップアスリートが出場してようとも興行としての収入は"0"。だからこそアスリート自身に求められることは、観たいと思わせるアスリートになること。紛れもない努力して強くなり、結果を追い求めるべきだと思います。

　アスリートが現役時代にセカンドキャリアやデュアルキャリアを考える事が"失敗を恐れている"、"人生に対して保険をかけている"などというネガティブイメージがあることも事実です。そういった誤解を払拭しながら、心も身体も柔軟な10代のジュニアアスリート期のうちに、"気づき"を与える教育の存在が、真のアスリートを育てていくことに繋がるのだと思います。

第9章　アスリートのキャリアについて　125

　人生100年時代に差し掛かった中で、アスリートとしての競技人生はその一部で決して普段の日常生活から分離したものではなく、『人生をトータルとして考える』という考えをもつ、『トータルキャリア』をお勧めしたいと思います。

2018年全豪オープンテニス

Column 09　交流分析におけるストロークとは

　テニスでは、ストロークというとネットをはさんでワンバウンドでボールを打ち合う事を意味しますが、交流分析では、基本的に相手の存在や価値を認める言葉や行動をストロークと呼んでいます。ストロークには3種類あり、身体接触が伴うもの。言葉を用いたもの。さらに、言葉を介在しない非言語的なものがあります。例えば身体接触が伴うようなストロークとは、抱きしめたり、握手をしたり、肩を抱くなどといったものです。また、言葉を用いたストロークとは、挨拶をする、話しかける、褒める、励ます、慰めるなどといったようなものです。最後に、言葉を用いない非言語的なストロークとは、うなずいたり、見つめたり、傾聴する、拍手をすることです。

ストロークの法則

プラス（肯定的）のストロークとマイナス（否定的）のストローク

ストロークはまるで車のエンジンに必要なガソリンのようなものです。ガソリンがなければエンジンは動かず車は走ることができません。それと同じように、人はストロークを得ることによって活力が蓄積され、やる気が出てきます。ストロークにはプラス（肯定的）のストロークとマイナス（否定的）のストロークがあります。プラスのストロークとは「君は本当に頑張っているね」、「君は素晴らしいね」、「良かったね」……などといったもので、受け取った人が幸せな気分になるものです。

一方、マイナスのストロークとは、「君はダメだね」「無理だよ」「君にはできる筈がない」……などといった、受け取り手が不愉快になるようなものをいいます。交流分析の理論によれば、人はプラスのストロークを求めるものであり、ストロークなしでは生きていけません。人が一番欲しているのはプラスのストロークですが、それが得られない場合には、マイナスのストロークでさえ求めてしまう……という説明がなされています。マイナスのストロークとはいわば腐った食べ物のようなものです。例えば、コーチに褒められたいと思っているジュニア選手がいたとします。しかし、なかなか褒められるような行動や戦績が出せないとなると、逆に叱られるようなことをして、マイナスのストロークでもかまわず得るための行動をとることです。

条件付きのストロークと無条件のストローク

条件付ストロークとは、例えば、「この大会で勝った、君は素晴らしいね」などが当てはまります。素晴らしいという前提にはこの大会で勝ったという条件がついているのです。裏を返せば、勝たなかったら価値が無いという意味も含まれているので注意しなければなりません。

「一生懸命練習をする君は素晴らしいね」などという言葉は、コーチが選手をコントロールするときに使う場合がありますが、

条件付のストロークを与えられ続けられてきた選手たちは、自分の存在価値に自信がもてなくなり、常に他人からの評価を気にするようになり、他人に認めてもらうために頑張るのだ……というような考え方に陥りがちです。一方、無条件のストロークというのは、その人の人格と存在に対して与えられるものです。例

えば、「いつでもやさしく微笑むこと」「あなたがいるだけで幸せだ……」というような打算のない言葉や行動を意味します。無条件のストロークは、自分の存在価値を認識させ成長を促すと同時に活力の源となるものだと考えられています。

是非とも、プラスのストロークを活動のエネルギーとして、目標達成のために挑戦してみてください。

第10章
ジェロントロジー（老年学）からみた心身の健康について

　生を受けた人がたどるライフサイクルの中で、65歳以上の人を高齢者というカテゴリーにあてはめた時、QOL（Quality of Life；生活の質）のレベルは、その時代を生きる妥当な経済基盤をもち、快適な環境の中で文化を享受し、学習意欲や探究心を持っているかで決定されます。また、地域社会への参加と家族や友人・知人との交流があり、よき趣味を有しているかについても重要な要素です。しかし、ひとは必ず老化し、疾病や運動機能障害が生じてADL（日常生活動作能力；Activities of Daily Living）が低下することで、学習能力や専心能力が減少し、精神的にも孤独感や自己の価値否定などの現象がしばしば認められるようになります。高齢者が自立した生きがいのある生活を送り続けることができ、しかも高いQOLを維持しながら生きていくためには、脳とこころの活性化とADLの低下予防をするための自立支援・学習の選択肢・社会的活動における公助・共助・自助が重要です。

　我が国における人口の分布をみると、団塊の世代を中心にこれまで経験したことのない超高齢化社会に突入しようとしています。近年、我が国では、「人生100年時代」という言葉が使われるようになりましたが、これまで一般的であった、人生約を約80年と考え、60歳で定年退職し、その後20年は年金で悠々自適な生活を送り、天寿を全うする…といった考えは、既に絵に描いた餅となり、これらの人生設計は、全く通用しないといっても過言ではありません。「人生100年時代」を迎えて、定年退職後の40年間、心身共に健康で活力ある人生をおくるためには、体力も気力も感性も豊かな学生時代に、80年先を考えた物の見方・考え方・生き方について考えることはとても重要な事です。著者は、21歳で全日本学生テニス選手権シングルスで優勝し、ユニバーシアード（Universiade：国際大学スポーツ連盟）大会日本代表選手となりま

した。大学卒業後、大学院生活と同時に22歳でプロに転向して世界中を転戦してきました。プロテニス選手の生活は、過酷（経済的、体力的、精神的に）であり、心・技・体を研ぎ澄ませて準備して挑まなければならない日々であり、今日、明日、1週間先、1年先をイメージするのが限界でした。しかし、今思えばその先にある10年先、30年先、50年先やプロテニス活動をするための社会システムや構造などといったものを、マクロの視点で捉え、理解し、イメージできていたならば、もっと高いパフォーマンスを発揮できていたのではないかと思っています。

　本章では、「ジェロントロジーからみた高齢者における心と身体の健康」をテーマに、スウェーデンにおける「Pensioner's Gymnastics：高齢者体操（以下；PG）」と大久保が考案した「ADL対応型高齢者体操」を紹介しながら、今後、さらに高齢化のスピードが加速する「人生100年時代」において、高齢者個々人のみならず、高齢者問題といわれてもまだ実感しないと思われる、若者（学生）も含めた周囲の人々が高齢化社会をどのように捉え、理解し、イノベーション（再構築）しなければならないのかについて考えていくことにします。

　1．高齢化率と高齢化速度について

　スウェーデンにおける65歳以上の人口比率が急速に高まり8.5％に達したのは、1900年頃からで、1970年には15％となりました。一方、我が国の高齢化率は、1980年代までは10％未満で、平成17（2005）年には20％となりました。高齢化率が7％を超えてからその倍の14％に達するまでの所要年数（倍加年数）で比較してみると、フランスが126年、スウェーデンが85年、ドイツが40年、イギリスが46年であるのに対し、24年間で14％に達していることから、世界に例をみない速度で高齢化が進んでいることがわかりました。（図1）

第10章 ジェロントロジー（老年学）からみた心身の健康について

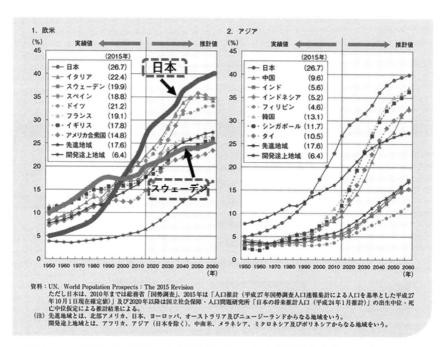

図1．世界の高齢化率の推移（内閣府平成28年高齢者社会白書より：著者改変）
http://www8.cao.go.jp/kourei/whitepaper/w-2017/zenbun/29pdf_index.html

1．スウェーデンにおけるジェロントロジーについて

図2．2015年における平均寿命世界ランキング[3]
（グローバルノート-国際統計・国別統計専門サイト：著者改変）
https://www.globalnote.jp/post-3764.html

　図2は、2015年における平均寿命世界ランキング、図3．4は、1990年～2015年までのスウェーデンと日本における平均寿命の推移です。スウェーデンにおける平均寿命は、1990年では77.54歳であり2015年では82.55歳でした。日本における平均寿命は、1990年では、78.84歳であり2015年では83.84歳でした。

　近年、医学界やスポーツ界のみならず政治・経済の分野でも注目されているのがジェロントロジーです。ジェロントロジーとは日本語では、「老年学」と訳され、加齢や老齢化といった老いることについて研究する学問です。スウェーデンは、高齢齢者福祉制度が完成レベルにある国の一つですが、この制度基本は、いかなる健康状態にある高齢者にも対応でき、健康の回復と維持に

第10章　ジェロントロジー（老年学）からみた心身の健康について

ついては、自立を促進するきっかけをつくる事を目標として実践されています。1982年に施行されたスウェーデンの「社会サービス法」においても、高齢者ケアの目標を「自立した生活を促進するための援助」と定め、それに基づいてあらゆる事業がおこなわれています。こういった事からも、スウェーデンにおけるジェロントロジーの考え方は、各人のADL機能のレベルに対応し、無理なくからだの機能を回復し、維持・増進させ、こころを明るく豊かにし、社会を構成する一員としての意識を有すること即ち「自立」を目指していることがわかります。

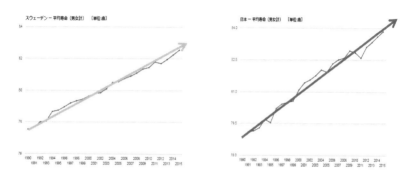

図３．スウェーデンにおける平均寿命の推移[3)]　　図４．日本における平均寿命の推移[3)]

（グローバルノート-国際統計・国別統計専門サイト　著者加筆）https://www.globalnote.jp/post-3764.html

2．日本におけるジェロントロジー

小澤は[12)]第26回日本老年学会総会会長講演において、老年学について以下のように述べています。

「老年学は、英語でジェロントロジー gerontologyと呼ばれる。この用語はイリヤ・メチニコフ（1845～1916）の提唱に起因する。メチニコフは、食細

胞を発見した細胞免疫学のパイオニアであり、また腸内細菌研究からヨーグルトの延命効果を主張した。Gerontoとは老年あるいは高齢者を意味する。これから老年学は、老化ならびに高齢者の問題点を、臨床医学、生物学、社会学など、広い分野から追求する包括的学問と定義されと述べました。日本では研究の歴史が比較的浅いため、老人学・加齢学・老年学など様々な訳語が充てられているとして、人間の老化現象を生物学、医学、社会科学、心理学など多面的、総合的に研究する学問からのアプローチがされていますが、高齢化に伴い課題は多く、負の側面が強調され不安感をあおる傾向もあることから、ジェロントロジーは、加齢変化を退行のプロセスとしてではなく生涯発達としてとらえ、高齢化を前向きに受け入れることを基本とするものでなければならないと述べています。自由で健康な生活を送り、長寿を全うする人生設計を確立し、若年層が多数を占めることを前提にしたかつての社会制度やインフラを超高齢社会に合わせて再構成していくことがジェロントロジーの課題でもあり、加えて、個人の長寿化と社会の高齢化は、それに応じた新たな価値観の創造と社会システムの構築を目指している……」

　一方、欧米先進諸国では、第2次世界大戦後から高齢化社会に突入し、早くからジェロントロジーの研究が盛んに進められてきました。米国では現在、数百の大学や研究機関で教育・研究が行われているといわれています。当初の研究は、老齢化による疾病や衰弱など老年医学の領域からスタートしたものでしたが、高齢社会の進展により個人的・肉体的な加齢にとどまらず、人類社会の問題として俯瞰（ふかん）的にとらえる必要性が高まってきました。国連では21世紀の高齢化社会への対応のための緊急研究領域が2002年のマドリード会議で採択されました。しかし、日本でのジェロントロジーへの取り組みは遅く、1959年に個別課題の研究を基本にする日本老年医学会と日本老年社会科学会が設立されました。その後、我が国の高齢化のスピードは加速され、団塊の世代の大半が前期高齢者となる2015年には、4人に1人が65歳以上になり、高齢者の半数以上が75歳以上の後期高齢者となる人類史上類のない超高齢社会を迎えると予測されました。そこで、2006年に学際的な老年学への対応を目

指す日本応用老年学会が設立され、最近、桜美林大学、東京大学をはじめとしたジェロントロジーを学べる大学が増えつつありますが、まだ少ないのが現状のようです。今後、加速度的な高齢化の時代で、国際的、長期的視点に立った研究と実効的な対応の必要性が高まっています。

3．スウェーデンにおける「Pensionärensgymnastik高齢者体操：PG」と日本における「ADL対応型高齢者体操」について

スウェーデンの運動生理学者P・Oオストランド[1]らは、スポーツや身体運動の促進が生活習慣病の予防や健康の維持・増進に資することを報告しています。

1957年スウェーデンでは、高齢者のQOLを維持するための対策としてPGが実施されてきましたが、これは大久保の考案した「ADL対応型高齢者体操」の基となっています。この体操は、高齢者の自立を助けるための健康維持振興を目的としたもので、その歴史は古く、1945年ころから民間組織を中心に研究され、その後、地方自治体や国もかかわって制度として確立しました。対象としては、自立して暮らす者から施設でケアを受ける者まで全ての高齢者に対応できる体操として、健康の維持・増進はもとよりQOLの向上に効果が認められています。

スウェーデンにおける高齢者に対するスポーツや運動の効果を実証するための研究は、ストックホルム体育大学（以下；GIH：Gymastik-Och Idrottshoguskolan）において、Dr. Eva AnderssonとDr.Johnny. Nilssonらによって受け継がれており、約500人の参加者に対して、週2回のエクササイズが中・高齢者の体力健康に及ぼす影響について、スポーツ医学やスポーツ生理学の専門家がGIHの学生と連携を取りながら、運動の効果を検証しています（図5）。体

力測定に関しては、一般的なものに加えて、GIHオリジナルの階段上り下りテスト（図6）に加えて、参加者から数名ピックアップして筋バイオプシーや最大酸素摂取量などの測定も実施しています。

図5．中・高齢者の体力チェック　　図6．GIHオリジナル階段上り下りテスト

　一般的にスウェーデン人は、高齢になってもスポーツをする事も、観る事もそして支える事にも積極的です。スウェーデンの代表的なスポーツは、アイスホッケー、サッカー、テニス、卓球そしてスキーですが、スウェーデンで考案されたニュースポーツ、バンディ（日本ではユニホックと呼ばれる）、ブレンボールそしてユニカールなども人気があります。GIHのDr. Eva Andersson（医師）によれば、スウェーデン人は、幼少期からスポーツや体操などの身体運動に親しむ習慣を有していることで、高齢者となってもその習慣はポジティブに働き、高齢者を対象としたエクササイズプログラムに積極的に参加する人が多いと述べています。スウェーデンでは、老若男女、障がいの有無のかかわらず、国民がスポーツに触れ合い楽しむために参加できるマラソン大会やエアロビクス大会、冬にはスキー（アルペン、ノルディック）やスケート（スピードスケート、アイスホッケー）などのイベントが数多く開催されています。また2月には、小学校・中学校・高等学校には、約1週間の「Sportlov:スポーツ休暇」が制定されています。「Sportlov」とは、身体活動が減少する冬季期間に身体活動量を確保する事に加えて、幼少期から冬のスポーツに親しむための運動スキルと運動習慣の両方を習得することによって、一生涯継続して運動を楽しめ

第 10 章　ジェロントロジー（老年学）からみた心身の健康について　137

るようにするための教育プログラムです。幼少期に学んだ教育プログラムの効果は高齢者になっても継続され、PGといったエクササイズプログラム参加へのモチベーションとなっていると推察されます（図7）。

図7．スポーツを楽しむ子供から高齢者

　我が国では、大久保[10]らによって「ADL対応型高齢者体操」が考案され普及されてきました。ADL対応型高齢者体操は、予測される急激な高齢化に備え、高齢者の日常生活動作能力（ADL）の向上、健康維持・増進を有効にすすめることで、社会コスト（医療費、介護サービス料など）の軽減が期待できます。ADL対応型高齢者体操では、正しい方法で動くことからスタートします。ひとがからだを動かした時、反対に動かさなくなったとき、あるいは誤った方法で動かしたとき、どのような影響をからだやこころに与えるかをについて段階的に学んでいくのです。そして、高齢者が潜在的に持っている、からだやこころの機能に適度な刺激と適度な負荷を与えて機能回復をはかりQOLを向上させてるのに効果的です。「ADL対応型高齢者体操」とスウェーデンにおけるPGの指導理念で共通するものとして、参加者の運動機能のレベルに差が

あっても、できるだけ同じ場所（空間）で対象者にとって適切なプログラムを提供しながら一緒に実施することです。こういった考え方は、スウェーデンの高齢者福祉の原則である、ノーマライゼーションの原則、総合的人間観の原則、自己決定の原則、影響と参加の原則、適切な管理にもとづく活動の原則といったことが基本となっていると考えられます。スウェーデンでは1982年に高齢者福祉の原則を背景とした「社会サービス法」が施行されてきましたが、この法律の基本にある人間や家族および社会をトータルに捉える、ものの見方・考え方がスウェーデンにおけるジェロントロジーの重要なキーワードになっています。

4．スウェーデンと日本における幸福度の比較

　図8は、2017年、国連が世界の155ヵ国を対象にした幸福度ランキングです。幸福度ランキングの調査方法は、① ひとり当たりの国内総生産（GDP）、② 社会的支援（社会保障など）、③ どれだけ寿命まで健康的に生きられるか、④ 人生設計をどれだけ自由に決められるか、⑤ 他者への寛容さ、⑥ 国や企業に対する信頼度について、自分の幸福度が0から10のどのレベルかどうかを各国民に世論調査し、そこで得られた主観的なスコアを基にして算出しています。その結果、最も幸福度の高い国は、ノルウェーであり、スウェーデンは10位、そして日本は51位でした。GDP世界第3位そして寿命は世界第2位である日本は、日米欧主要7ヵ国（G7）のなかでは最下位であったのにもかかわらず、幸福度が低い理由は、地震や津波など災害への不安、正規労働と非正規労働の間の賃金格差、年金など老後の社会保障への不安などが影響しているようです。

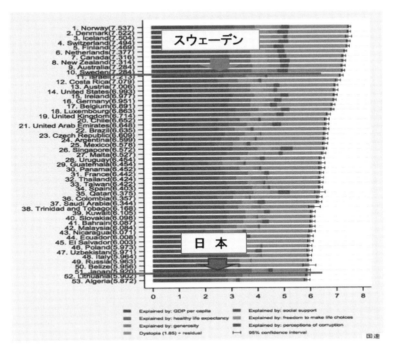

図8. 2017年 世界幸福度ランキング（国連による 著者改変）

5．提言

　我が国におけるジェロントロジー研究は、日本抗加齢医学会、日本老年学会、日本応用老年学会などで活発に議論されるようになってきました。また、体育・スポーツ関連学会においても、加齢をテーマとした研究は、運動生理学・スポーツ医学そしてスポーツ心理学の分野で報告されるようになってきました。例えば、加齢によるサルコペニア（sarcopenia：加齢による筋量の低下）に関する研究、加齢とロコモティブシンドローム（locomotive syndrome：運動器症候群）に関する研究、加齢と認知機能障害（Cognitive impairment）に関する研究などでですが、それらの多くは、筋繊維や神経そして脳神経に

フォーカスしたミクロレベルの研究が多く、社会システムとの連携に着目した研究は少ないようです。そこで、今後の課題・提言としては、運動生理学・医学そしてスポーツ心理学の分野での研究成果を政治学、社会学、経済学およびネットワーク情報そして経営学などとも連動させると同時に、今後日本の社会を担う次世代の若者達に対して、ジェロントロジーの考え方の基礎となる哲学や価値観などの教育システムについても構築していくことが喫緊の課題です。

Column 10　アスリートとスポーツマンガ

　スポーツマンガは、子供からから大人まで支持されているだけでなく、アスリートにとっても大きな影響を及ぼしています。スポーツマンガには、夢と希望だけでなく教育としての側面が包含されています。

　スポーツマンガの歴史をひも解くと、「巨人の星」や「あしたのジョー」などに代表されるスポ根ものや、「タッチ」などといったラブコメディーなど多種多様なテーマで出版されてきました。一般的には、ストーリーの中に、かなりデフォルメされた魔球や必殺技が登場することが多い訳ですが、それだけではなく友情や苦難を乗り越える精神性や規律といった教育的な要素が盛り込まれているのが特徴です。

　ＮＨＫテレビ「ぼくらはマンガで強くなった」では、オリンピックや世界選手権で活躍するアスリート達に対して、インタビューを通して番組を作り上げています。その中で、多くのアスリートたちは、自分が成長してく過程の中で、スポーツマンガが大きな影響を及ぼしたとインタビューに答えていました。マンガを読んで競技を始めるようになっただけでなく、競技生活の中での苦労や困難を乗り切る時の支えとなったとも述べています。登場人物に自分を重ね合わせ、物語に登場するコーチやライバルそして友達の言葉が折れそうになった心が蘇ったなどという報告もありました。一般的にマンガには、魔球や必殺技といった空想の世界や、迫力ある画の描写が求められがちですが、よくよく思

い返すと、人々の記憶に残るマンガには、心を打つ言葉がしっかり残されています。例にあげれば「エースをねらえ」から病床の宗方コーチが世界へ旅立つ主人公へ送った言葉「岡……エースをねらえ」や「スラムダンク」から試合終盤点差が開いてしまった選手にかけた安西先生の一言「あきらめたらそこで試合終了ですよ」、「はじめの一歩」から鴨川会長が、壮絶な減量を行い、初めて世界戦をむかえた鷹村に贈った言葉「努力した者が全て報われるとは限らん。しかし！　成功した者は皆すべからく努力しておる！！」などなど……。

　哲学書にくらべマンガは非常に身近で親しみやすく、具体的な状況も絵を通して言葉と共に分かりやすいので、心に染みていきます。

　ある玩具メーカーが調査した2016年小中学生の好きなスポーツ選手ランキングでは、1位錦織圭（テニス）、2位浅田真央（フィギュアスケート）、3位羽生結弦（フィギュアスケート）でした。日本のテニス界は錦織選手の活躍と相まって、若手テニス選手がどんどん伸びてきていますが、若手プロ選手たちは、インタビューに答えてスポーツマンガは、小さい頃から大好きで、プロになった今でも読んでいると話していました。

　テニスマンガで有名なのは、「エースをねらえ」や既に4380万部を記録している「テニスの王子様」ですが、最近注目されているテニスマンガに「ベイビーステップ」があります。「ベイビーステップ」は、魔球や必殺技などは全くなく、テニスの打球技術、戦略・戦術、フィジカルトレーニング、メンタルトレーニング、栄養そして遠征先で起こる出来事が詳細に描写されています。まさに、新型のテニスの指導書といえるかもしれません。

　スポーツマンガは、アスリートに夢と希望、戦略・戦術だけでなく、物の見方、考え方、人生の生き方にも影響を与える大切なツールだと言えます。

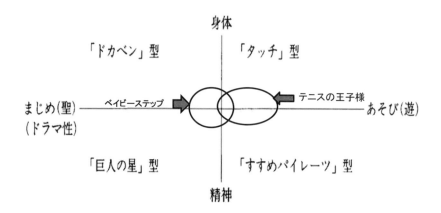

漫画に現れたスポーツの意味的構造（松田恵示1993　著者加筆）

参考文献

1. Astrand, P. O. & K. Rodahl : Textbook of work physiology. McGraw-Hill : New York, 1986
2. グローバルノート-国際統計・国別統計専門サイト（2017）：世界の平均寿命国別ランキング・推移　https://www.globalnote.jp/post-3764.html
3. グローバルノート-国際統計・国別統計専門サイト（2017）：スウェーデンと日本における平均寿命の推移，https://www.globalnote.jp/post-3764.html
4. 金谷俊秀（2010）：ジェロントロジーとは：「知恵蔵」（株）朝日新聞出版．
5. 厚生労働省　地域包括ケアシステム（2017）:今後の高齢者人口の見通し．http://www.mhlw.go.jp/stf/seisakunitsuite/bunya/hukushi_kaigo/kaigo_kourei-sha/chiiki-houkatsu/
6. 内閣府平成28年高齢者社会白書（2016）：高齢化の国際的動向，http://www8.cao.go.jp/kourei/whitepaper/w-2017/zenbun/pdf/1s1s_05.pdf
7. 大久保洋子（1990）:高齢者の自立と健康に関する研究：スウェーデンの社会福祉における歴史的観点から，成蹊大学一般研究報告（24）:pp55-97.
8. 大久保洋子（1996）:スウェーデンにおける高齢者福祉の改革：「社会サーヴィス法」以降の健康レベル別対応，成蹊大学文学部紀要（31）:pp165-182.
9. 大久保洋子（1996）:高齢者の自立と健康に関する研究：スウェーデンの高齢者体操普及の歴史とリーダー教育，成蹊大学文学部紀要（26）:pp59-74.
10. 大久保洋子（1996）:なぜする、こうする高齢者体操：ADL対応型高齢者体操研究会．
11. 大久保洋子（2009）:高齢者の自立と生活の質を支える福祉　- スウェーデンの高齢者福祉が歩んできた道 -，成蹊大学文学部紀要（44）:pp125-169.
12. 小澤利男（2010）：人間の学としての老年学：老年学の過去・現在そして未来，日老医誌；47：pp17-23
13. 柚木雅人他（2015）：健康増進及び 健康寿命延伸による経済効果．ISFJ 日本政策学生会議「政策フォーラム 2015」最終論文：政策フォーラム．

■執筆者紹介
佐藤雅幸（さとう　まさゆき）専修大学教授
仙台大学体育学部卒業
日本体育大学大学院修士課程修了
担当章：序、第2章（1，2，3）第3章、第4章、第5章、第7章、第8章、コラム（6，7）

野口順子（のぐち　よりこ）日本スポーツ振興センター
ヴィクトリア大学大学院博士課程修了（スポーツ心理学博士）
担当章：第3章

佐藤周平（さとう　しゅうへい）仙台大学専任講師
東海大学体育学部卒業
東海大学大学院修士課程修了
担当章：第1章、第2章（4，5，6）第6章、コラム（2，4，7，8）

野呂　進（のろ　すすむ）専修大学名誉教授
日本体育大学体育学部卒業
担当章：第2章（7，8，9）

佐藤文平（さとう　ぶんぺい）多摩大学・明治大学非常勤講師
早稲田大学スポーツ科学部スポーツ医科学科コース卒業
早稲田大学大学院スポーツ科学研究科修士課程修了
日本体育大学大学院体育科学研究科体育科学専攻博士後期課程在学中
担当章：第9章、第10章

佐藤一平（さとう　いっぺい）株式会社レック興発
東海大学体育学部卒業
株式会社テレビ東京スポーツ局を経て現職（ジュニアテニスチームコーチ）
担当章：第2章（10，11，12）、コラム（1，3，5）

■編集協力・写真提供
株式会社ボディプラスインターナショナル
ＨＡＬＥＯテニスディビジョン
月刊「スマッシュ」：株式会社　日本スポーツ企画出版社

わかりやすいスポーツ心理学　改訂版

2018 年 8 月 15 日　初版発行

編著者　実践スポーツ心理学研究会
発行者　鈴木康一
発行所　株式会社文化書房博文社
　　　　〒 112-0015　東京都文京区目白台 1 − 9 − 9
　　　　電話 03(3947)2034 ／振替　00180-9-86955
　　　　URL: http://user.net-web.ne.jp/bunka/

ISBN978-4-8301-1308-6 C0075　　　　　印刷・製本　シナノ印刷株式会社
乱丁・落丁本は、お取り替えいたします。

JCOPY ＜（社）出版者著作権管理機構 委託出版物＞
　本書の無断複写は著作権法上での例外を除き禁じられています。複写される場合は、そのつど事前に、（社）出版者著作権管理機構（電話 03-3513-6969、FAX 03-3513-6979、e-mail: info@jcopy.or.jp）の許諾を得てください。

　本書のコピー、スキャン、デジタル化等の無断複製は著作権法上での例外を除き禁じられています。本書を代行業者等の第三者に依頼してスキャンやデジタル化することは、たとえ個人や家庭内での利用であっても著作権法上認められておりません。